Copyright © 1997 by Prentice-Hall, Inc., Upper Saddle River, New Jersey 07458.
All rights reserved. No part of this book may be reproduced or transmitted in any form
or by any means, electronic or mechanical, including photocopying, recording, or by
any information storage or retrieval system, without permission in writing from the
publisher. Printed in the United States of America.

ISBN 0-13-415605-6

10 11 12 13 14 15   01 02 03 04 05

PRENTICE HALL

Contenido

Un país con ángel:
¡México!

Datos

México, América del Norte

Capital: México, Distrito Federal (D.F.)

Gobierno: República Federal

Población: 92.000.000 de habitantes

Moneda: peso ($) y nuevo peso (N$)

Idioma: español

Clima: variado°

variado *varied*

Una tarde en Coyoacán

COYOACÁN es una de las zonas más interesantes y bonitas° de la Ciudad de México. Tiene muchos restaurantes al aire libre, un mercado de artesanías, museos y casas coloniales.° La plaza de Coyoacán es el lugar favorito de los chicos.

Si te gustan las artesanías, ve a comprar al mercado de Coyoacán. ¡Es barato!

F rida Kahlo (1907-1954) es una artista° mexicana muy famosa.° Sus pinturas° están en los museos de muchos países. Ella vivió° en Coyoacán. ¿Te gustaría visitar la Casa Azul donde están sus pinturas y recuerdos?°

C oyoacán tiene la heladería° más antigua de México: La Siberia. Allí los jóvenes toman los helados más deliciosos de la ciudad. Los helados más famosos son el de cajeta° y el de aguacate. ¡Mmmmm!

¿Adónde van? Escriban los nombres de los lugares.

Para comprar artesanías bonitas y muy baratas, vamos al
_____.

El arte de Frida Kahlo es muy interesante. Vamos a visitar la_____. Allí están sus pinturas y recuerdos.

¡Qué buenos son los helados! Los más deliciosos están en_____.

el/la artista *artist*
cajeta *caramel made with cooked goat milk and sugar*
casas coloniales *colonial houses*
famosa *famous*
heladería *ice cream parlor*
las más bonitas *the prettiest*
pinturas *paintings*
recuerdos *memorabilia*
vivió *lived*

EL ROCK MEXICANO

PRODUCTO DE EXPORTACIÓN

Los roqueros° mexicanos son famosos en muchas ciudades de Estados Unidos, Europa y América Latina. Algunos° grupos° de rock tienen nombres muy especiales. ¿Quieres conocer algunos?

Los Caifanes El nombre Los Caifanes es una mezcla° de inglés y español. Los jóvenes mexicanos dicen "me cae fine" por "me cae bien".° Los Caifanes es el grupo de rock más famoso en México y hace muchas giras° por Europa y Estados Unidos. Sus canciones° son muy buenas para cantar° y bailar con los amigos.

La Lupita La Lupita es el nombre de muchas tiendas en México y también de un grupo muy famoso. Ellos mezclan el rock con música latina. Su disco *Qué bonito es casi todo*° tiene canciones muy divertidas.°

Café Tacuba Café Tacuba es el nombre de un restaurante famoso en la Ciudad de México y también de un grupo de rock. Su música tiene ritmos° latinoamericanos y rock americano. *Re* es su segundo disco: una mezcla de cumbia,° tecno, chachachá, rock y punk. Su música es una mezcla interesante ¡y muy caliente!

¿Quieres formar° tu grupo de rock?

Aquí tienes la portada° de tu primer disco. Escribe los nombres de los roqueros que tocan contigo. Luego° combina las siguientes° palabras para encontrar° un nombre en español muy original. ¡Escríbelo bien grande con colores!

los aguacates

los chiles

los chicos/las chicas

las flores

las piñatas

azules

del ritmo

calientes

en la mochila

de la calle

guitarra _____

bajo _____

batería° _____

piano _____

voces _____

algunos *some*
batería *percussion*
canciones *songs*
cantar *to sing*
cumbia *Colombian rhythm*
muy divertidas *a lot of fun*
encontrar (ue) *to find*
formar *to form*
giras *tours*
grupos *groups*
luego *then*
me cae bien *I like him/her*
mezcla *mix*
portada *cover*
qué bonito es casi todo
  how pretty almost everything is
ritmos *rhythms*
roqueros *rock stars*
siguientes *following*

¿Qué gusta?

¿Cómo eres?

Haz el test y descubre° cómo eres.

1 **¿Qué te gusta más?**

☐ **a.** pasear, patinar, salir° con amigos

☐ **b.** jugar con videojuegos

☐ **c.** leer, estudiar

☐ **d.** practicar deportes

2 **¿Qué te gusta hacer los sábados?**

☐ **a.** ir de excursión

☐ **b.** mirar la televisión

☐ **c.** ir a un museo

☐ **d.** jugar al béisbol o al baloncesto

3 ¿Qué te gusta leer?

- ☐ **a.** libros de aventuras
- ☐ **b.** no me gusta leer
- ☐ **c.** libros de historia o literatura
- ☐ **d.** revistas de deportes

4 ¿Qué te gusta comer?

- ☐ **a.** comida muy picante, con mucho chile
- ☐ **b.** comida rápida
- ☐ **c.** comida internacional
- ☐ **d.** comida natural°

5 ¿Cuáles son tus materias favoritas?

- ☐ **a.** geografía y ciencias
- ☐ **b.** no sé°
- ☐ **c.** idiomas°, historia y literatura
- ☐ **d.** educación física y matemáticas

Resultados:

Mayoría° A: ¡Eres un(a) aventurero(a)!° Te gusta la acción y tu ídolo° es Indiana Jones.

Mayoría B: Eres pasivo(a).° ¡Necesitas un poco de acción en tu vida!°

Mayoría C: Eres un(a) intelectual. ¿Cuándo vas a escribir° tu primer libro?

Mayoría D: Eres un(a) deportista. ¡Vas a los juegos olímpicos!°

---

aventurero *adventurous*
comida natural *health food*
descubre *discover*
eres *you are*
escribir *to write*
idiomas *languages*
ídolo *idol*

juegos olímpicos *Olympic Games*
mayoría *majority*
no sé *I don't know*
pasivo *passive*
salir *to go out*
vida *life*

LA INVASIÓN DE LA

En la Ciudad de México la comida rápida es muy popular. A los jóvenes mexicanos les gusta ir a restaurantes de comida rápida con sus amigos. Las taquerías, las torterías,° las pizzerías y los lugares que venden hamburguesas están llenos de gente° a la hora de la comida (de 2:00 p.m. a 4:00 p.m.) y a la hora de la cena (de 7:00 p.m. a 10:00 p.m.). La comida rápida en México es "buena, rápida y, lo más importante, ¡BARATA!", según dicen° los jóvenes mexicanos.

OPINIONES

Estos chicos nos dicen cuál es su comida rápida favorita.

Guadalupe

"Yo voy una o dos veces° por semana a comer con mis amigos. Vamos a las taquerías o a comer hamburguesas porque son buenas y baratas. Gasto entre° N$8 y N$15".

Francisco

"Las pizzas, las hamburguesas y los tacos me gustan mucho. No gasto mucho porque siempre° voy con amigos y compartimos la cuenta.° Gasto N$12".

compara *compare*
la cuenta *the check*
El Charco de las Ranas *The Frog Pond*
nos encanta ir *we love to go*
están llenos de gente *are packed with people*
gasto entre *I spend between*
según dicen *as (they) say*
siempre *always*
tortería *place that sells Mexican sandwiches*
una o dos veces *once or twice*

COMIDA RÁPIDA

¿Cuál es la comida rápida favorita de los mexicanos? Según una encuesta con 137 jóvenes mexicanos, los tacos son la comida rápida favorita.

Pregunta a tus compañeros de clase cuál es su comida rápida favorita y compara° los resultados.

Comida rápida favorita	los jóvenes mexicanos	los jóvenes de tu clase
tacos	1	
pizzas	2	
hamburguesas	3	
tortas/sándwiches	4	

Carmen

"Mi lugar favorito es una taquería que se llama El Charco de las Ranas.° También me gustan las hamburguesas de Chazz. Son muy buenas. A mis amigas y a mí nos encanta ir° los viernes a cenar. Gasto N$11".

Isabel

"Mi comida favorita son los tacos, en especial los de carne y queso. También me gustan las hamburguesas y los sándwiches. Generalmente voy a comer con mis amigos y gasto N$14."

¿Dónde está...?

Mira los símbolos. Escribe qué lugar representa cada uno.

_____

_____

_____

- Restaurante
- Metro
- Teléfono

- Aeropuerto
- Iglesia
- Servicios

- Ruinas aztecas
- Parada de autobuse
- Cambio de moneda

cambio de moneda _money exchange_

JUEGO MANÍA

Trabalenguas°

Los trabalenguas son muy difíciles de leer sin equivocarse.° Lee este° trabalenguas. ¿Puedes contar° hasta diez?

Un limón,° medio° limón;
dos limones, medio
limón;
tres limones, medio
limón;
cuatro limones, medio
limón;
cinco limones, medio
limón…

Adivinanza°

Los mexicanos comen mucha fruta. Hay muchas adivinanzas de fruta, como ésta.°

¿Sabes qué fruta es?

la piña

la naranja

el plátano

Oro parece,°
plata° no es,
y el que no lo adivine°
listo° no es.

El plátano

Postres

Completa los nombres de estos° postres con las letras° que faltan.°

h e l a △ o
y o g ▢ r
f ◯ a n
c h o ▽ o l a t e
p a s t ◇ l

¿Qué tienen en común? Pon° las letras en su lugar.

¡Todos son △ ▢ ◯ ▽ ◇ s!

adivinanza *riddle*
el que no lo adivine *he/she who can't guess it*
ésta *this (pronoun)*
este/estos *this/these*
que faltan *that are missing*
letras *letters*
limón *lemon*
listo *clever*
medio *half*
oro parece *it seems like gold*
plata *silver*
pon *put*
¿puedes contar hasta...? *can you count till. . . ?*
sin equivocarse *without making a mistake*
el trabalenguas *tongue twister*

¡Protege

Los jóvenes mexicanos y la ecología°

**Los jóvenes mexicanos protegen°
el medio ambiente.°**

Los jóvenes activos.

La Ciudad de México tiene un
problema grande de
contaminación del aire.° Hay
grupos de estudiantes que
protegen el medio ambiente.
Estos grupos llevan árboles°
y plantas a las plazas y los
parques. El resultado es una
ciudad más bonita y sana.°
¡Padrísimo!

árboles *trees*
bolsa *bag*
caminan *walk*
contaminación del aire
　air pollution
ecología *ecology*
lema *slogan*
limpian las playas
　clean the beaches
medio ambiente *environment*
Por un Acapulco más limpio
　For a cleaner Acapulco
protegen *protect*
recoger la basura
　to pick-up the garbage
sana *healthy*

tu ciudad!

¡Organiza tu grupo ecológico!

Organiza un grupo ecológico con tus compañeros de clase. Escojan un lema para el grupo y dibujen un cartel con colores. Aquí tienes algunas ideas para el lema.

¡NO a la contaminación!
¡Por una ciudad más limpia!
¡Recicla!
¡Protege tu ciudad!

"Por un Acapulco más limpio".°
Éste es el lema° de un grupo ecológico de jóvenes de Acapulco. Ellos limpian las playas° de Acapulco. Los jóvenes caminan° con una bolsa° para recoger la basura.° Ellos llevan una camiseta que dice: "Por un Acapulco más limpio".
¡Qué buena idea!

de todo un poco

Rollermanía

La última moda° en México son los patines en línea.° Todos los fines de semana el parque está lleno de° expertos patinadores.° Van y vienen° a toda velocidad.° ¡Es la rollermanía mexicana!

¡Contra la contaminación!

En la Ciudad de México hay una campaña° ecológica que se llama "Hoy no circula".° Los automóviles, según el número de la placa,° no pueden circular un día de la semana. ¿El resultado? ¡Una ciudad más sana!

campaña *campaign*
Día de los Muertos *Day of the dead*
ejército francés *French army*
expertos patinadores *seasoned skaters*
Hoy no circula *no driving today*
lleno de *full of*
patines en línea *rollerblades*

guía de fiestas de México

Día de la Madre

El 10 de mayo los mexicanos celebran el Día de la Madre con flores, pasteles y serenatas de mariachis.°

El Cinco de Mayo

Es el día en que los mexicanos celebran la victoria contra el ejército francés° en 1862.

Día de la Independencia

El 16 de septiembre hay una gran fiesta para celebrar la independencia de México.

Día de los Muertos°

El 2 de noviembre es un día especial para recordar° a los muertos.

Las posadas°

Del 16 al 24 de diciembre los mexicanos celebran las tradicionales posadas° con piñatas.°

piñata *hanging pot filled with candy, fruits, and gifts*
placa *license plate*
posadas *Mexican Christmas tradition*
recordar *to remember*
serenatas de mariachis *mariachi serenade*
última moda *the latest fad*
van y vienen *(they) come and go*
velocidad *speed*

Crucigrama°

Completa este crucigrama sobre las comidas. En la línea amarilla horizontal puedes leer la característica más famosa de la comida mexicana.

Verticales

1. Lo necesitas para hacer sándwiches.

2. Comida muy popular en los restaurantes italianos.

3. Se usa para hacer guacamole.

4. Postre que se hace con leche, huevos y azúcar.°

5. Clase de pescado.

6. Comida rápida favorita de los jóvenes mexicanos.

7. Un desayuno con _____ y jamón.

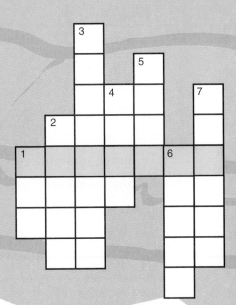

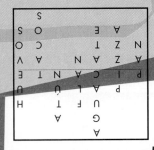

azúcar *sugar*
crucigrama *crossword puzzle*

El cine Mexicano

El cine mexicano tiene muchas películas° famosas. Aquí tienes unos ejemplos.

Cronos

Director: Guillermo del Toro
Intérpretes:° Fernando Luppi, Claudio Brooks y Ron Perlman
Guión:° Guillermo del Toro
Película de terror. Un anticuario° encuentra° un objeto mágico que le hace° inmortal y joven, y un viejo millonario también quiere° ese objeto.

Pueblo de madera°

Director: Juan Antonio de la Riva
Intérpretes: Angélica Aragón, Gabriela Roel, Alonso Echanove
Guión: Juan Antonio de la Riva
Película autobiográfica. Historia de dos niños que viven en un pueblo y quieren hacer cine.

Frida: naturaleza viva

Director: Paul Leduc
Intérpretes: Ofelia Medina y Juan José Gurrola
Guión: Jorge Ayala Blanco
Película biográfica. Cuenta la vida de la artista mexicana Frida Kahlo y su esposo, el pintor° Diego Rivera.

Gaby

Director: Luis Mandoki
Intérpretes: Liv Ullmann y Norma Leandro
Guión: Elena Poniatowska
Película biográfica. Gaby Brimmer, una niña con parálisis cerebral,° quiere llevar una vida normal.°

anticuario *antique dealer*
encuentra *(he) finds*
guión *script*
intérpretes *cast*
le hace *(it) turns him*
llevar una vida normal *to live a normal life*
madera *wood*
quiere *wants*
parálisis cerebral *cerebral palsy*
películas *films*
pintor *painter*
reconoces *(you) recognize*

¿Reconoces° estas películas estadounidenses?

Escribe el nombre en inglés debajo del nombre en español. Pon los nombres en los carteles y describe cada película con una de las palabras de la lista.

Tipos de películas

ciencia ficción
aventuras
acción
comedia

En busca del arca perdida

_____

Tipo _____

La familia Adams

_____

Tipo _____

Parque Jurásico

_____

Tipo _____

Solo en casa

_____

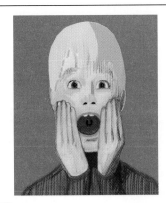

Tipo _____

Dos Jóvenes Mexicanos

Entrevistamos a dos jóvenes mexicanos: Luis Javier Lamm y Julia Mejía Palomares. Luis Javier estudia en la secundaria y es modelo. Julia quiere ser bailarina de ballet clásico o actriz.°

¿Cuántos años tienes?

Luis: Tengo quince años.

¿Qué haces?

Luis: Estoy en segundo° año de secundaria y también trabajo° como modelo.

¿Cómo vas a la escuela?

Luis: Mi papá me lleva° en su coche.

¿Cuál es tu materia favorita?

Luis: la geografía.

¿Qué te gusta hacer?

Luis Javier Lamm

Luis: Ir a patinar, jugar al baloncesto, jugar al fútbol y nadar. También ir al cine y escuchar todo tipo de música.

¿Qué problemas tienen los jóvenes mexicanos?

Luis: La falta de información° sobre temas difíciles,° como las drogas.°

¿Cuántos años tienes?

Julia: Tengo diecisiete años.

¿Qué estudias?

Julia: Tercero° de preparatoria.

¿Cómo vas a la escuela?

Julia: En metro.

¿Cuál es tu materia favorita?

Julia: La danza.

¿Qué te gusta hacer?

Julia: Ir al cine, al ballet, al teatro y leer. Me gustaría ser bailarina de ballet clásico o actriz.

¿Qué problemas tienen los jóvenes mexicanos?

Julia: La desunión familiar.°

Julia Mejía

¡Opiniones!

¡Lee, piensa y opina!

1. ¿Tienen los jóvenes en Estados Unidos información sobre temas difíciles?

| 1 | 2 | 3 | 4 | 5 |

| No, no tenemos información sobre temas difíciles como las drogas. | | | Sí, hay mucha información sobre temas difíciles. | |

2. ¿Hay desunión familiar en Estados Unidos?

| 1 | 2 | 3 | 4 | 5 |

| No, la desunión familiar no es un gran problema. | | | Sí, hay mucha desunión familiar aquí. | |

Escribe un número del 1 al 5 para cada pregunta. Compara tus respuestas con las de otros estudiantes.

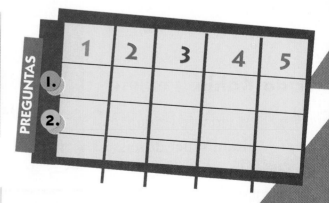

PREGUNTAS	1	2	3	4	5
1.					
2.					

actriz *actress*
desunión familiar *family separation*
drogas *drugs*
falta de información *lack of information*
me lleva *takes me*
segundo *second*
temas difíciles *difficult topics*
tercero *third*
trabajo *(I) work*

Frida KAHLO

Frida Kahlo y Diego Rivera son dos artistas mexicanos. Los dos tienen cuadros° muy interesantes. Frida Kahlo es famosa por sus autorretratos.° Diego Rivera es famoso por sus murales° sobre la historia de México. Frida y Diego celebraron su matrimonio,° y vivieron,° en Coyoacán. Sus hijos° son las pinturas que admiramos° hoy.

Frida Kahlo (1907-1954)

La vida de Frida Kahlo fue° difícil. Tuvo° un accidente grave a los dieciocho años. Éste le causó° mucho dolor° durante toda su vida, pero su espíritu fue indomable.°

(Autorretrato con changuito°)

Diego RIVERA

(La barca de flores, 1939)

Diego Rivera (1886-1957)

En este cuadro de Diego Rivera, unas personas pasean en barca° por Xochimilco, un lugar al sur de la Ciudad de México famoso por sus flores°.

admiramos *(we) admire*
autorretratos *self-portraits*
barca *a kind of boat*
cuadros *paintings, portraits*
changuito *little monkey (Mex.)*

dolor *pain*
flores *flowers*
fue *was*
hijos *children*
indomable *indomitable*

le causó *(it) caused her*
matrimonio *marriage*
murales *murals*
vivieron *(they) lived*
tuvo *(she) had*

sopa de letras

Aquí tienes una sopa de letras con toda la información de esta revista.° ¡Suerte!°

1. Nombre de un grupo de rock mexicano _____
2. Fiesta de México _____
3. Nombre de una artista mexicana famosa _____
4. ¿Cuál es la comida rápida que más les gusta a los jóvenes mexicanos?_____
5. Lugar en la Ciudad de México _____
6. Donde puedes comprar helados de cajeta _____
7. La Ciudad de México tiene un problema grande con la contaminación del_____

revista *magazine*
¡Suerte! (*Good*) *luck!*

Soluciones: 1. Caifanes 2. posadas 3. Kahlo 4. tacos
5. Coyoacán 6. Siberia 7. aire

Photo Credits

000-001	Colin Fisher
002	Michal Heron
003 bottom	Werner Bischof/Magnum Photos, Inc.
003 top	Ken Karp
008 left	Michal Heron
008 right	Colin Fisher
009 left	Colin Fisher
009 right	Colin Fisher
012	David Young-Wolff/PhotoEdit
020	Art Resource, NY
021	Schalkwijk/Art Resource, NY
019	Henry Cordero
018	Henry Cordero
014 top	Colin Fisher
014 bottom	Robert Frerck/Odyssey
cover right background	Michal Heron
004	Henry Cordero
cover right forground	Bruce Stoddard/FPG
cover left forground	Nawrocki Stock Photo/1996 Picture Perfect USA
cover left background	D. Donne Bryant

```
M B N T L R S O P S
U C I H K A H L O I
E A O D F J M P Q B
P I R Y T W C O U E
Z F D H O G K S E R
T A C O S A M A B I
I N K P I N C D G A
J E Y O S A R A E H
U S O S U F L S N X
V L A I R E C A S M
```

Texas...
¡un gran estado!

Datos

Texas: Estados Unidos de América

Capital: **Austin**

Población: **17.348.200 habitantes**

Moneda: **dólar**

Idiomas: **inglés y español**

Clima: **variado; hace más frío al norte y más calor al sur**

Texas... ¡Un

Texas es un estado muy grande. Tiene muchas ciudades diferentes con lugares interesantes para visitar. Aquí tienes cuatro lugares de San Antonio y Houston. ¿Adónde te gustaría ir?

Un lugar para divertirse°
Fiesta Texas en San Antonio.

Es un parque de diversiones° para toda la familia. En él hay conciertos de música y muchas atracciones excitantes.° Por la noche, hay un magnífico espectáculo de fuegos artificiales.°

Un lugar en el agua
El Mundo Marino° en San Antonio.

¿Te gustan los animales? Aquí hay espectáculos acuáticos con animales marinos. Es un lugar genial para pasar el día.

Un lugar en el espacio
Museo del Espacio en Houston.

¿Vamos a pasear por la luna? En este museo hay rocas lunares,° cohetes espaciales° y otros recuerdos de la conquista del espacio.°

¡gran lugar!

Una casa para los deportes
Estadio Astrodome en Houston.

Este estadio tiene una capacidad para 66.000 espectadores. Cuando se construyó,° en 1965, fue el primer estadio cubierto° del mundo. Aquí juega el equipo° de béisbol de los Astros de Houston.

¿Dónde pueden encontrar° estos carteles?

Escriban el nombre de los lugares en las líneas en blanco.

Esta noche: espectáculo de fuegos artificiales.

_____

atracciones excitantes *exciting rides*
cohetes espaciales *space rockets*
conquista del espacio *conquest of space*
cuando se construyó *when it was built*
divertirse *to have fun, to enjoy oneself*
equipo *team*
espectáculo de fuegos artificiales
   fireworks show
fue el primer estadio cubierto
   (it) was the first covered stadium
Mundo Marino *Sea World*
parque de diversiones *amusement park*
pueden encontrar *(you) can find*
rocas lunares *moon rocks*

**Exposición:
"La conquista de la luna".**

_____

**Espectáculo de animales marinos.
A las 2:00 P.M. y a las 4:00 P.M.**

_____

Astros de Houston contra Rangers de Texas. Domingo a las 4:00 P.M.

_____

Las Charreadas de San Antonio

Las charreadas son espectáculos° con mujeres° a caballo.° Es una tradición muy antigua que todavía° se celebra en México y en Texas. Las charras° son mujeres jóvenes que participan en las charreadas. Una charreada comienza° con un desfile° de todos los grupos de charras. En cada° grupo hay ocho mujeres y todas llevan° el mismo traje.° Después del desfile, las charras presentan un espectáculo de caballos, que andan a pasos° diferentes. Las charreadas se celebran en fiestas especiales, como el Día de la Independencia de México. Las charras practican° con sus caballos de dos a cuatro horas al día para participar en estas competiciones.

Una celebración a caballo

¿Dónde se celebran las charreadas?

Escriban las letras en los cuadros y lo sabrán.°

	a	b	c
1	N	O	
2		E	L
3	D	S	R

2b	1a		2c	1b	3b	
E	N					
	3c	1b	3a	2b	1b	3b

Solución: En los rodeos

a caballo *on horseback*
cada *each*
comienza *begins*
charras *Mexican cowgirls*
desfile *parade*
espectáculos *shows*
llevan *(they) wear*
mujeres *women*
pasos *steps*
practican *(they) practice*
sabrán *(you) will know*
todavía *still*
traje *costume*

En una FIESTA

Dime lo que haces y te diré quién eres°

1 ¿Qué es más divertido?

- ☐ **a.** bailar
- ☐ **b.** hablar con los invitados
- ☐ **c.** seleccionar la música
- ☐ **d.** escuchar música

2 ¿Qué ropa llevas?°

- ☐ **a.** cómoda° para bailar
- ☐ **b.** elegante y a la moda°
- ☐ **c.** muy cara
- ☐ **d.** muy formal

3 ¿Qué es más importante?

- ☐ **a.** la música
- ☐ **b.** los/las invitados(as)
- ☐ **c.** la comida y la bebida
- ☐ **d.** el lugar

a la moda *fashionable*
alegre *lively*
cómoda *comfortable*
dime lo que haces y te diré quién eres
 tell me what you do and I'll tell you who you are
ellos/ellas hacen tu vida *they make your life*
hecha por mí *made by me*

4 ¿Qué traes?°

- [ ] **a.** refrescos
- [ ] **b.** comida hecha por mí°
- [ ] **c.** nada
- [ ] **d.** comida rápida

5 ¿A qué personas invitas?

- [ ] **a.** amigos(as) simpáticos(as)
- [ ] **b.** chicos(as) de mi clase
- [ ] **c.** chicos(as) populares de la escuela
- [ ] **d.** mi familia

6 ¿Qué lugar prefieres?

- [ ] **a.** una discoteca
- [ ] **b.** la casa de mis amigos(as)
- [ ] **c.** un restaurante
- [ ] **d.** mi casa

RESULTADOS:

Mayoría A: Eres alegre° y divertido(a) y te gusta mucho bailar. Te gustan mucho las fiestas. ¡Eres muy popular!

Mayoría B: Eres simpático(a) y te gusta compartir con las personas. Todos te quieren° porque eres muy buen(a) amigo(a).

Mayoría C: Te gusta divertirte pero no compartes con tus amigos(as). Recuerda° que ellos/ellas hacen tu vida° más interesante y fácil. ¡Son importantes también!

Mayoría D: Eres muy serio(a) y tímido(a).° ¿Por qué no te diviertes un poco más?

¿qué ropa llevas?
what kind of clothes do (you) wear?
¿qué traes? *what do (you) bring?*
recuerda *remember*
serio(a) y tímido(a) *serious and shy*
todos te quieren *everybody loves you*

El Ballet Río Bravo de San Antonio

¿Te gusta bailar? Tal vez tú conoces el Ballet Río Bravo de San Antonio.
Este ballet fue creado° por Rafael Zamarripa, un famoso coreógrafo mexicano.
El Ballet Río Bravo combina bailes° tradicionales mexicanos, con la danza moderna y el folclor norteamericano. Estas danzas representan la vida de hoy° enTexas. ¡Ponte las botas° y el sombrero, y vamos a bailar!
¿Sabes que los bailarines° que participan en el Ballet Río Bravo de San Antonio son jóvenes como tú? Sí, algunos empiezan° a bailar a los quince años. Estos chicos van a la escuela, y por las tardes, después de hacer su tarea,° practican mucho para ser mejores° bailarines.

El **Ballet Río Bravo** se presenta todos los domingos del mes de agosto en el Carver Cultural Center, 226 N. Hackberry, San Antonio. Los precios° de los boletos son:
Adultos: $10
Niños: $5

¿Puedes dibujar° un cartel con esta información? ¡Claro que sí!

ENTRE VECINOS:

El río Bravo es un río muy largo que está en la frontera° entre México y Estados Unidos. Los mexicanos lo llaman río Bravo y los norteamericanos lo llaman Rio Grande.

bailarines *dancers*
bailes *dances*
empiezan (*they*) *begin*
frontera *border*
fue creado *was created*
hacer su tarea *to do their homework*
ser mejores *to be better*
ponte las botas *put on your boots*
precios *prices*
¿puedes dibujar...? *can you draw . . . ?*
vida de hoy *life today*

EL ESPAÑOL EN DALLAS

¿SABES que el español fue la primera lengua europea° que se habló° en Dallas? Sí, los primeros exploradores° y colonizadores° de la región hablaban° español. Hoy en día, mucha gente° habla español en Dallas y muchas calles y vecindarios llevan nombres españoles y mexicanos. El Centro Cultural Mexicano, en colaboración con el Ayuntamiento° de Dallas, celebra el Día de la Lengua Española en el mes de abril. Hay concursos literarios° para jóvenes que escriben en español. También hay conferencias de profesores y escritores° famosos. Esta celebración ayuda a mantener° la tradición cultural mexicana y la lengua española en la comunidad latina° de Texas.

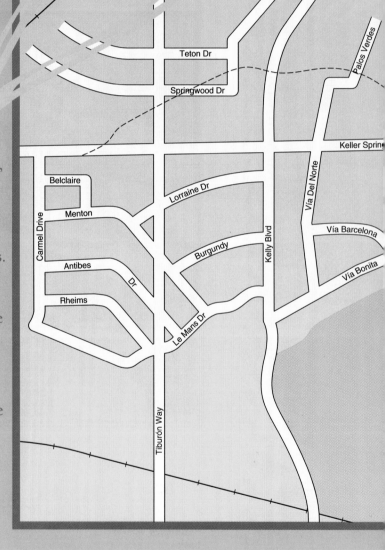

ayuda a mantener *helps maintaining*
Ayuntamiento *City Hall*
colonizadores *settlers*
comunidad latina *Hispanic community*
concursos literarios *literary contests*
escríbelos *write them*
escritores *writers*

Un vecindario de Dallas

Aquí tienes una pequeña sección del mapa de Carrollton, un vecindario de Dallas. Muchos de los nombres de las calles están en español. Busca cinco nombres en español y escríbelos° en estos pequeños carteles.

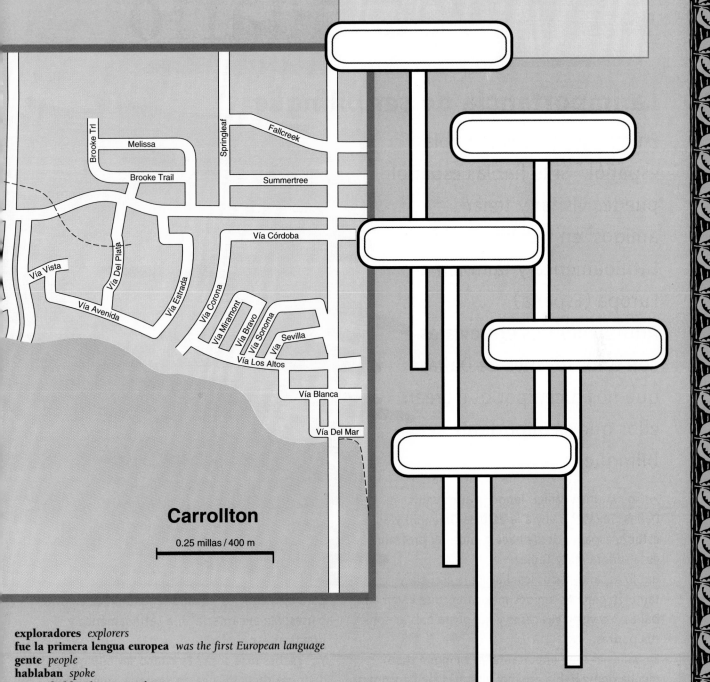

Carrollton

0.25 millas / 400 m

exploradores *explorers*
fue la primera lengua europea *was the first European language*
gente *people*
hablaban *spoke*
que se habló *that was spoken*

Dos lenguas, un vecindario

La importancia de ser bilingüe

En muchos países se habla español.° Si tú hablas español puedes visitar y tener amigos° en muchos países de Latinoamérica y también en Europa (España).

Aquí tienes dos entrevistas con unos jóvenes de Dallas que nos dicen por qué creen° ellos que es importante ser bilingüe.

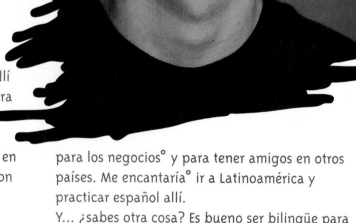

Yo soy Mathew Miller, tengo 17 años y vivo en Dallas, Texas. Yo voy a la escuela Greenhill y allí estudio español desde hace 7 años. Mi profesora es la señora Mary Tapia.

Hablo español todos los días en la escuela y también con mis amigos mexicanos que viven en Dallas. Yo visito sus casas y me gusta hablar con sus padres.

En Dallas es muy importante ser bilingüe. Aquí mucha gente habla español y es más fácil encontrar trabajo° si eres bilingüe. También es importante para los negocios° y para tener amigos en otros países. Me encantaría° ir a Latinoamérica y practicar español allí.

Y... ¿sabes otra cosa? Es bueno ser bilingüe para disfrutar de la música de Santana, que es muy bonita. Él tiene canciones° en inglés y en español.

Yo soy Megan Mullino, tengo 17 años y también voy a la escuela Greenhill de Dallas. Estudio español en la escuela desde hace 8 años. Me gusta hablar español con la gente joven que trabaja con mi padre y con mis amigos españoles. El año pasado,° estuve° en España durante seis semanas y fue° muy divertido.

Me encantaría ir a Argentina, en América del Sur, porque mis amigas dicen que es muy bonita, especialmente Buenos Aires.

Es muy importante ser bilingüe para hacer negocios, para viajar° a muchos países y para tener amigos.

Cuatro razones para ser bilingüe. Pon las sílabas en orden° para leer las frases. Busca las respuestas° en las entrevistas.

| NER | TE | | MI | GOS | A | | EN | | TROS | O | | Í | SES | PA |

_____

| CON | TRAR | EN | | BA | TRA | JO |

_____

| CER | HA | | GO | CIOS | NE |

_____

| JAR | VIA | | A | | CHOS | MU | | Í | PA | SES |

_____

el año pasado *last year*
busca las respuestas *find the answers*
canciones *songs*
disfrutar de *to enjoy*
encontrar trabajo *to find a job*
estuve *(I) was*
fue *(it) was*
me encantaría *(I) would love to*

negocios *business*
nos dicen por qué creen *(they) tell us why they think*
pon las sílabas en orden *put the syllables in order*
puedes visitar y tener amigos
    (you) can visit and have friends
se habla español *Spanish is spoken*
viajar *to travel*

FLACO JIMÉNEZ,

UN HIJO DE TEXAS

¿Sabes quién ganó°
el premio° Grammy
a la mejor música
mexicana-americana?
Fue Flaco Jiménez,
que representa la
música tejana.
Leonardo Jiménez, llamado *el
Flaco,*° nació° en San Antonio,
Texas, en 1931.

Flaco Jiménez toca el acordeón,
que es el instrumento más
importante de la música de
conjunto en Texas. Esta música
combina° estilos mexicanos,
como el corrido y el ranchero,
con ritmos europeos,° como la
polca y el vals.° Las canciones de
la música de conjunto hablan de
amor° y de la vida rural de los
inmigrantes.

Flaco Jiménez no sólo° es muy
popular en la música tejana. Él
también ha grabado° discos con
muchos de los grandes de la
música popular norteamericana,

como Linda Ronstadt, Emmy Lou
Harris, Los Lobos y con el grupo
inglés Rolling Stones.

En 1994, Flaco Jiménez fue
incluido° en el Conjunto Music
Hall of Fame en San Antonio.
¡Bravo!

Rompecabezas

¿Quién le enseñó° a Flaco Jiménez a tocar el acordeón? Copia° las letras de estas piezas en el lugar que corresponde en el rectángulo.

S	U									
L	E									
A										

D	R	E	Ñ		
	R	E	Ñ		
	R				

	P	
	E	
T	O	
A	C	O	R

S	U	
L	E	
A		

Ó		
E	L	
Ó	N	

A		
N	S	
C	A	
D	E	

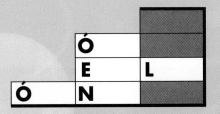
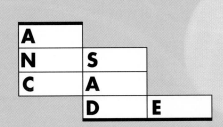

amor *love*
cantantes *singers*
combina *mixes*
copia *copy*
fue incluido *was included*
ha grabado *has recorded*
le enseñó *taught (him)*

ganó *won*
llamado el Flaco *known as Skinny*
nació *was born*
no sólo *not only*
polca y vals *polka and waltz*
premio *award*
ritmos europeos *European rhythms*

de todo un poco

Una biblioteca a todo color

La ciudad de San Antonio tiene una nueva biblioteca pública diseñada° por el arquitecto mexicano Ricardo Legorreta. Es un edificio muy moderno de colores muy vivos. A algunas personas no les gusta su color "rojo enchilada". ¿Qué piensas° tú? ¿Te gusta?

Buenos vecinos

El estado de Texas es el lugar de conexión más importante entre la cultura anglosajona y la mexicana. Muchas personas en Texas tienen apellido español.

guía de fiestas

¿Quieres divertirte en Texas? Aquí tienes una lista de eventos.

Días de Charros° (Brownsville)

Cuatro días de rodeo mexicano en el mes de febrero.

La Fiesta de las Flores (San Antonio)

Se celebra todos los años en abril. Hay bailes° en las calles y un desfile de carrozas° decoradas con muchas flores.

El Cinco de Mayo

Fiesta mexicana en San Antonio y otras ciudades. Este día se celebra la victoria de los mexicanos en 1862 contra el ejército francés° en Puebla (México).

Reunión de Vaqueros Tejanos (Stamford)

Gran rodeo de amateurs en la semana del 4 de julio.

Feria Estatal de Texas (Dallas)

Es la feria más grande del país. Rodeo, fútbol, teatro y otros eventos en el mes de octubre.

Para más información, escribe a: Texas Events Calendar, P.O. Box 5064, Austin, TX 78763

bailes *dances*
charros *Mexican cowboys*
desfile de carrozas *parade of floats*
diseñada *designed*
¿Qué piensas tú? *What do you think?*
pronunciación *pronunciation*
victoria contra el ejército francés *victory against the French army*

JUEGO MANÍA

**Una gran familia.
¿Quién es quién?**

Hoy es el cumpleaños de Pablo, el hijo mayor° del señor y la señora Pérez. Sus padres han invitado° a los amigos de Pablo a un picnic en el parque. Aquí están todos° en la foto: Bernardo, Carmen, Daniel, Isabel, José, Pablo, Susana, la señora Pérez y el señor Pérez. ¡Ah! También está la hermana pequeña de Pablo, Juana, que sólo tiene tres meses.° ¿Puedes escribir° todos sus nombres? Aquí tienes algunas pistas.°

A José le gusta mucho el fútbol.
Bernardo está a la derecha de Juana y de Isabel.
Carmen está delante del señor Pérez.
Daniel está a la derecha de Carmen.
Isabel está detrás de Juana.
Pablo está entre Susana y José.
Susana está a la izquierda del señor Pérez.

han invitado *(they) have invited*
hijo mayor *eldest son*
pistas *clues*

¿puedes escribir...? *can you write . . . ?*
sólo tiene tres meses *(she) is only three months old*
todos *all*

Texas **17**

Un chico del

Entrevista con Jacob Rodríguez

Jacob es nuestro joven amigo de El Paso. En esta entrevista Jacob nos dice qué le gusta hacer en Texas.

¿Te gusta vivir en El Paso?

Jacob: Sí, me gusta porque está cerca de México y yo siempre° voy allí. Pero en el futuro me gustaría vivir en Seattle porque allí el clima es muy agradable.°

¿Qué haces tú durante° la semana?

Jacob: Yo voy a la escuela y tomo° clases de teatro. Estoy en el grupo de teatro de mi escuela y participo en competiciones de teatro. Me gusta la actuación° dramática y cómica. Algunos días° también practico deportes, como tenis, fútbol y baloncesto.

¿Te gusta salir° con tus amigos los fines de semana?

Jacob: Sí, yo salgo° con mis amigos y con mi novia Beatriz. Nos gusta ir a patinar a Roller King, ir de compras a los centros comerciales y montar en bicicleta. También salgo con mis compañeros de teatro. Nos gusta ir al cine y a comer pizza, hamburguesas, tacos y frijoles.

vecindario

¿Qué música escuchas?
Jacob: Yo escucho rap, "rhythm & blues" y música de los años cincuenta y sesenta. También escucho música mexicana, como la ranchera y la música romántica de Luis Miguel y el grupo **Los Dos Oros**. A Beatriz le encanta la cumbia.°

¿Piensas tú que es importante ser bilingüe?
Jacob: Ser bilingüe en El Paso es muy importante porque para muchos trabajos° se necesita hablar en inglés y en español. A mí me gusta mucho disfrutar° de las dos culturas y me gustaría que mis hijos también fueran bilingües.°

1. A Jacob le gusta vivir en El Paso porque está cerca de_____.

2. Jacob participa en competiciones de _____.

3. La novia de Jacob se llama_____.

4. A Beatriz le encanta la _____.

5. Jacob piensa que ser bilingüe es _____.

6. Jacob escucha música _____.

actuación *acting*
algunos días *some days*
cumbia *Colombian dancing rhythm*
el clima es muy agradable *the climate (weather) is very nice*
durante *during*
salgo *(I) go out*
salir *to go out*

siempre *always*
también fueran bilingües *that they also be bilingual*
tomo *(I) take*
trabajos *jobs*

Texas

RINCÓN DEL ARTE

Jessy Treviño: el artista y los jóvenes

Jessy Treviño es un pintor, dibujante° y escultor° de la ciudad de San Antonio. Jessy nació en Monterrey, México, y vive en Estados Unidos desde hace muchos años.° Empezó a dibujar° a los cuatro años. Jessy trabaja° con jóvenes estudiantes de las escuelas de San Antonio. A Jessy Treviño le gustan los proyectos que benefician° a la comunidad y al vecindario. ¿Sabes? Ahora, Jessy y sus jóvenes amigos están pintando° un mural en un hospital de la ciudad de San Antonio. El mural tiene la figura de un ángel con un niño y va a ser uno de los más grandes del país.

que benefician *that benefit*
desde hace muchos años *since many years ago*
dibujante *illustrator, person who draws*
empezó a dibujar *(he) began drawing*
escultor *sculptor*
están pintando *(they) are painting*
trabaja *works*

¿Te gustan las artesanías?

En San Antonio tú puedes visitar° el Blue Star Space of Art, que es un grupo de galerías donde se producen y se venden obras de arte° y artesanías.

¿Sabes que algunos jóvenes que van a la escuela en San Antonio también son artesanos del Blue Star?

Estos jóvenes artistas trabajan en el taller° del Blue Star. Allí hacen muebles, espejos, artículos de regalo° y diferentes obras de arte. ¡Qué buena idea!

REGALOS PARA TODOS

Estás de turista en la galería Blue Star. Quieres comprar recuerdos° para la familia y tienes mucho dinero. Hay muchos artículos de regalo. ¿Para quién los compras? Recuerda comprar algo para ti.

* un sombrero de charro   ___para mi papá___

* un reloj de madera   _____

* un espejo con el marco° de flores   _____

* una piñata de muchos colores   _____

* un ángel de plata   _____

* un cuadro de un pintor tejano   _____

* un cartel del Ballet Río Bravo   _____

artículos de regalo *gifts*
puedes visitar *can visit*
marco *frame*

recuerdos *souvenirs*
trabajan en el taller *work in the studio*
venden obras de arte *(they) sell works of art*

Texas **21**

sopa de letras

Aquí tienes una sopa de letras con toda la información de esta revista. ¡Suerte!

1. El Astrodome fue el primer _____ cubierto del mundo.

2. En las charreadas participan mujeres jóvenes llamadas:_____

3. En los Estados Unidos el río Bravo se llama Rio_____.

4. El _____ fue la primera lengua europea que se habló en Dallas.

5. En más de 20 _____ del mundo la gente habla español.

6. Flaco Jiménez es un artista que toca el _____.

7. El Cinco de Mayo _____ la victoria contra el ejército francés en Puebla (México) en 1862.

8. Jessy Treviño es un _____, dibujante y escultor de la ciudad de San Antonio.

9. En el Blue Star Space of Art se venden obras de arte y _____.

```
A P T L L U D R G T G
D C E L E B R A E R F
H C O L K O X U A Z N
U H G R Y P I N T O R
N A I C D X D O Q M B
P R E S W E Y L P P H
R R J E V Z Ó D A T E
Q A R T E S A N Í A S
T S D F U G W S S B T
D C U I P T G A E R A
Y H Z X G R Ñ H S D D
Q O P A R L E D M U I
E S P A Ñ O L S O K O
```

Soluciones: 1. estadio 2. charras 3. Grande 4. español 5. países 6. acordeón 7. celebra 8. pintor 9. artesanías

Photo Credits

000-001	Laurence Parent	014	Al Rendon/Southwest Images
002 bottom	Gary Retherford/Photo Researchers Inc.	016 bottom	Tony Freeman/PhotoEdit
002 center	Ron Dorsey Photography/Stock Boston	016 top	Clem Spalding
002 top	Courtesy of Fiesta Texas	018	Christine Galida
003	Tom Duffy/Allsport	020	Courtesy of Jessy Trevino
004-005	Al Rendon/Southwest Images	cover bottom	Laurence Parent
006-007	Paco Elvira	cover right	Bob Daemmrich/Stock Boston
008-009	Bob Daemmrich/Stock Boston	cover left	Bob Daemmrich
009	Bob Daemmrich/Stock Boston		

¡Bienvenidos a Puerto Rico!

OCÉANO ATLÁNTICO

SAN JUAN

Arecibo

Laguna de Guajataca

Bayamón

Río Bayamón

ISLA DE CULEBRA

Río Arecibo

EL YUNQUE

Mayagüez

CORDILLERA CENTRAL

Caguas

Laguna de Guánica

Ponce

Guayama

ISLA DE VIEQUES

PUERTO RICO

MAR CARIBE

| 0 | 5 | 10 millas |
| 0 | 5 | 10 | 15 | kilómetros |

★ CAPITAL
● CIUDADES MÁS IMPORTANTES
🌲 BOSQUE NACIONAL DEL CARIBE

Datos

Puerto Rico, isla del Caribe

Capital: San Juan
Gobierno: Estado Libre Asociado de los Estados Unidos
Población: 3.600.000 habitantes
Moneda: dólar estadounidense
Idiomas: español e inglés
Clima: tropical, 78 °F (26 °C)

¡EL VIEJO

El Viejo San Juan es una zona histórica de la capital de Puerto Rico. Es muy pintoresco° y colonial. Y ¿sabes? ¡Es el lugar favorito de los jóvenes!

A pasear por el Viejo San Juan

La Plaza de Colón es un lugar chévere para hacer amigos. Los jóvenes van a la plaza los viernes y los sábados por la noche. ¿Quieres aprender a patinar? La Plaza del Quinto Centenario está muy cerca. Hay rampas y escaleras... ¡ideales para las piruetas!

Un paseo romántico

Vamos a caminar° junto° al mar, por el maravilloso Paseo de la Princesa. Aquí está la Puerta de San Juan. Hay muchos lugares históricos y museos. ¡Mira, el fuerte° de El Morro está allí! ¡Es imponente!°

caminar *to walk*
de moda *fashionable*
fuerte *fort*
imponente *imposing*
junto *next to*
parcha *passion fruit*
pintoresco *picturesque*
por supuesto *of course*
ruta *route*
sombrero *hat*

SAN JUAN!

Y ahora, ¡de compras!

¡Ven a las tiendas de artesanías del Viejo San Juan! ¿Quieres comprar un sombrero?° En la calle Fortaleza hay sombreros de moda° y baratos.

¿Qué te gustaría visitar?

Consulta el plano y haz tu paseo por el Viejo San Juan. Empieza en la Plaza de Armas.

- Marca cuatro lugares que te gustaría visitar.
- Marca una ruta° desde la Plaza de Armas a cada uno de estos lugares.

¡A bailar ritmos del Caribe!

En la Plaza de San José los jóvenes bailan al ritmo de la música del Caribe. ¡A bailar salsa y merengue! ¡Ay bendito, qué calor! ¡Un helado o un batido, por favor! ¡De parcha°, por supuesto!°

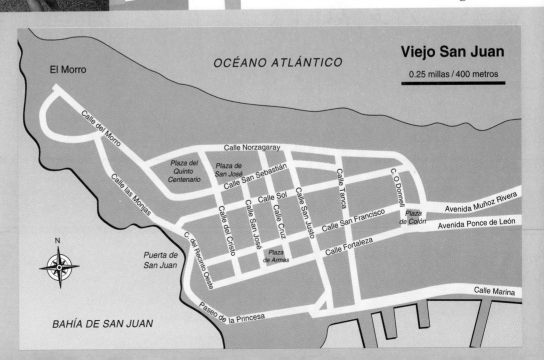

Viejo San Juan
0.25 millas / 400 metros

OCÉANO ATLÁNTICO

El Morro

Calle del Morro

Calle las Monjas

Calle Norzagaray

Plaza del Quinto Centenario

Plaza de San José

Calle San Sebastián

Calle Sol

Calle Tanca

C. O'Donnell

Avenida Muñoz Rivera

Plaza de Colón

Avenida Ponce de León

Calle del Cristo

Calle San José

Calle Cruz

Calle San Justo

Calle San Francisco

C. del Recinto Oeste

Puerta de San Juan

Plaza de Armas

Calle Fortaleza

Calle Marina

Paseo de la Princesa

BAHÍA DE SAN JUAN

N

¿Cómo eres?

Haz el test y descubre cómo eres. Marca tus preferencias.

1. ¿Qué actividades hacen unas vacaciones perfectas para ti?

- [ ] a. bucear, navegar, ir de excursión
- [ ] b. acampar° con amigos y amigas
- [ ] c. trabajar° en el campo
- [ ] d. trabajar en un circo°

2. ¿Qué te gusta hacer en tu tiempo libre?°

- [ ] a. montar en bicicleta, patinar, jugar a las paletas
- [ ] b. salir° a pasear con mis amigos
- [ ] c. leer libros y artículos sobre° el medio ambiente°
- [ ] d. bailar salsa

3. ¿Qué es más divertido?

- [ ] a. jugar al béisbol, al fútbol, al tenis
- [ ] b. ir a bailar con amigos y amigas
- [ ] c. ser voluntario en un grupo para proteger° el medio ambiente
- [ ] d. hacer parasailing

4. ¿Qué ropa te gusta usar?

- [ ] a. ropa deportiva, camisetas, jeans
- [ ] b. ropa de moda, accesorios
- [ ] c. ropa confortable y simple
- [ ] d. ropa vieja

5. ¿Qué música te gusta?

- [ ] a. la música rock y pop
- [ ] b. la música de moda
- [ ] c. la música *folk* y *country*
- [ ] d. la música hip hop y la salsa

6. ¿Qué país te gustaría visitar?

- [ ] a. México, para bucear en Isla Mujeres
- [ ] b. Puerto Rico, para ir a las playas
- [ ] c. Costa Rica, para admirar los bosques tropicales°
- [ ] d. Guatemala, para ver° los templos mayas

Resultados:

Mayoría A: Te gusta la actividad física y estar siempre en acción.

Mayoría B: Los amigos son muy importantes para ti. Te gusta estar en la onda.°

Mayoría C: Te gusta la naturaleza° y ayudar a las buenas causas.

Mayoría D: Te gusta lo exótico y todo para ti es una aventura.

acampar *to go camping*
bosque tropical *rain forest*
circo *circus*
estar en la onda *to be hip*
medio ambiente *environment*
naturaleza *nature*
proteger *to protect*
salir *to go out*
sobre *about*
tiempo libre *free time*
trabajar *to work*
ver *to see*

¡Vamos a practicar deportes!

¡Sí!... en un paraíso deportivo: el Albergue Olímpico° de Salinas, Puerto Rico.

¿Te gustaría hacer atletismo,° natación,° béisbol y patinaje? El Albergue Olímpico tiene de todo: lugares para practicar baloncesto, tenis, judo y muchos otros deportes. Y ¿sabes? ¡Tiene una escuela para los futuros deportistas olímpicos!

Albergue Olímpico (de Salinas, P. R.)
training center in Puerto Rico
atletismo *track and field*
campeonatos de dominó *domino championships*

"Un pasaporte al éxito"°

¿Cómo es tu escuela?

Es la única° escuela de Puerto Rico que entrena° a los deportistas para competir en las Olimpiadas. Los estudiantes vivimos aquí durante todo el año. Vamos a casa los fines de semana para estar con nuestras familias.

¿Cómo son las clases?

Tenemos las mismas° materias que en otras escuelas: español, inglés, historia de Puerto Rico y Estados Unidos, matemáticas, ciencias... Cada estudiante se entrena en su especialidad deportiva: atletismo, natación, tenis, ciclismo, taekwondo, judo... ¡doce deportes diferentes!

¿Es difícil entrar en esta escuela?

Sí, tienes que ser muy bueno en los deportes y un buen estudiante. Aquí se trabaja duro.° Tenemos que practicar antes y después de las clases.

¿En qué deportes te especializas?

Yo practico el atletismo. Corro° 400 metros° con vallas y relevos° de 4 x 400.

¿Tienen tiempo ustedes para divertirse?

¡Claro que sí! En la escuela hay bailes y campeonatos de dominó.° Vamos a partidos de baloncesto o voleibol. A veces, vamos al cine.

¿Qué significa tu escuela para ti?

¡Mucho! Estudiar aquí es ¡un pasaporte al éxito!

Pedro Rivas Cruz estudia en la Escuela Técnico Deportiva del Albergue Olímpico. Tiene 17 años y nos habla de su escuela.

Ahora, ¡habla de tu escuela! Escribe un super título para tu narración.°

TU FOTO

_____

¿Cómo es tu escuela? _____

_____

_____

¿Cuántos deportes practican? _____

_____

_____

¿Qué actividades divertidas hay en tu escuela? _____

_____

_____

corro *I run*
duro *hard*
entrena *trains*
éxito *success*
metros *meters*
mismas *the same*
narración *composition, paragraph*
natación *swimming*
taekwondo *Korean karate*
única *only*
vallas y relevos *hurdles and relays*

Deportes olímpicos

En la Escuela Técnico Deportiva hay doce deportes. Mira la lista y escribe el deporte que representa cada símbolo.

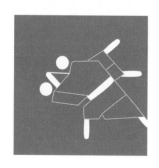

- Tenis de mesa°
- Lucha°
- Atletismo
- Judo
- Taekwondo
- Esgrima°
- Patinaje
- Ciclismo
- Tenis
- Boxeo
- Natación
- Tiro al blanco

Esgrima *Fencing* **Tenis de mesa** *Table tennis*
Lucha *Wrestling* **Tiro al blanco** *Target shooting*

JUEGO MANÍA

Rimas

Aquí tienes una rima muy simpática. ¡Marca el ritmo!

Sale el sol, sol, sol
Caracol° col, col, col
del frío, me río°
el calor me da° color
el invierno no es bueno
¡el verano tiene sabor!°

Ahora, inventa tus rimas ¡con ritmo de rap! ¡Bravo!

Trabalenguas°

Di rápido este trabalenguas. Uno, dos y ¡tres!

Pico, pico, mandarico,
Cinco chicos
de Puerto Rico
subieron a un pico°
a un pico subieron
cinco chicos de
Puerto Rico

¿Qué es?

Este es un juego para adivinar.°

¡Está en soldado,°
está en parasol,
son sólo tres letras
de luz° y calor!
Es el_____.
¡Muy bien!

Solución: el sol

¡Qué curioso!

En todos los idiomas° hay expresiones curiosas. En inglés, por ejemplo, cuando llueve mucho se dice "llueve gatos y perros". ¿Sabes cómo se dice en español?

a. llueve iguanas
b. llueve a cántaros°
c. llueve poco

Solución: b

adivinar *guess*
cántaros *pitchers*
caracol *snail*
idiomas *languages*

luz *light*
me da *(it) gives me*
me río *I laugh*
sabor *flavor*
soldado *soldier*
subieron a un pico *climbed up a peak*
el trabalenguas *tongue twister*

Puerto Rico 9

Los jóvenes de norte a sur

No es lo mismo vivir en el Caribe que en Nueva York o en Buenos Aires. Es muy curioso, ¡las estaciones del año son opuestas!° La Tierra° gira alrededor° del Sol inclinada° con un ángulo° de más de 66°. Cuando el Polo Norte° está inclinado hacia° el Sol, es verano en el hemisferio norte e invierno en el hemisferio sur.° Al contrario,° cuando el Polo Sur está inclinado hacia el Sol, es verano en el sur y es invierno en el norte. En el Caribe las estaciones apenas° cambian, ¡tiene el clima ideal!

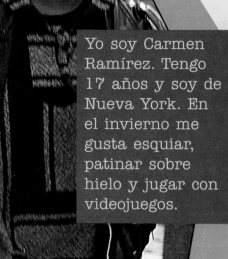

Yo soy Carmen Ramírez. Tengo 17 años y soy de Nueva York. En el invierno me gusta esquiar, patinar sobre hielo y jugar con videojuegos.

Yo soy José Pablo Rodríguez. Tengo 16 años. Las estaciones en Puerto Rico, mi país, no son muy diferentes. Yo voy a la playa ¡todo el año! También me gusta bailar y jugar al fútbol.

apenas *barely*

invierno
diciembre, enero, febrero

En diciembre en New York me gusta...

_____
_____
_____
_____
_____

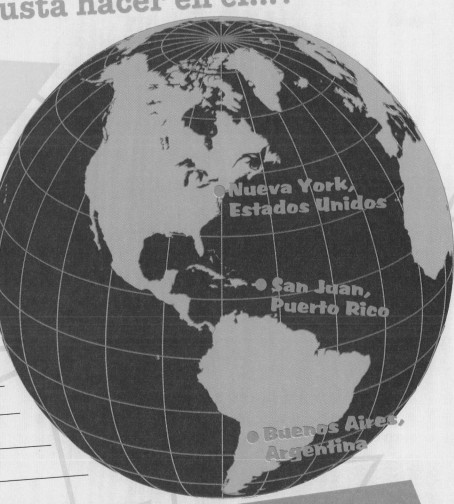

Nueva York, Estados Unidos

San Juan, Puerto Rico

Buenos Aires, Argentina

verano
diciembre, enero, febrero

En diciembre en Argentina me gusta...

_____
_____
_____

Yo soy Solana Rubiol. Tengo 16 años. Soy de Argentina. En el verano me gusta nadar, tomar helados (¡qué rico!), ir de picnic y bucear.

al contrario _on the contrary_
ángulo _angle_
gira alrededor _turns around_
hacia _towards_
hemisferio sur _the southern hemisphere_
inclinado _inclined_
opuestas _the opposite_
Polo Norte _North Pole_
Tierra _Earth_

de todo un poco

LA BAHÍA FOSFORESCENTE

¿Te imaginas una bahía con aguas fosforescentes? Hay una en La Parguera, en el suroeste de Puerto Rico. De noche, millones de microorganismos iluminan el agua del mar. ¡Qué maravilloso!

¡AVENTURA EN LAS CAVERNAS°!

¿Te gustaría explorar el mundo° subterráneo en el norte de Puerto Rico? ¡Vamos a las cavernas del río Camuy! Lleva ropa confortable, tenis, y cámara. Tenemos que descender 200 pies° para llegar a la Caverna Catedral. ¡Miren, hay estalactitas° gigantes°! Las cavernas tienen un millón de años.

caballos de paso fino *horses with unusually smooth gait*	**inició** *(he) started*
cavernas *caves*	**más pequeño que** *smaller than*
cuatro *musical instrument from Puerto Rico*	**mundo** *world*
cuerdas *strings*	**noreste** *Northeast*
elegir *to choose*	**pies** *feet*
estalactitas *stalactites*	**tenis** *sneakers*
gigantes *giant*	**violoncelista** *cellist*
	vivió *(he) lived*

guía de fiestas

En Puerto Rico hay celebraciones interesantes ¡todo el verano! ¿Qué te gustaría hacer? Aquí tienes una guía.

junio julio agosto

- **Festival Casals (San Juan).** Festival de música clásica que inició° Pablo Casals, un famoso violoncelista° español que vivió° muchos años en Puerto Rico.

- **Competencia de caballos de paso fino°** (Guayama). Estos caballos son famosos en todo el mundo por su paso elegante.

- **Fiestas de Loíza Aldea (Loíza Aldea)** Música y máscaras en un carnaval muy original en este pueblo de la costa, al noreste° de San Juan.

- **Festival del cuatro°** El cuatro es un instrumento típico de Puerto Rico, pero más pequeño que° la guitarra y con 10 cuerdas.°

- **Festival de teatro juvenil multicultural (Aguadilla).**

¡Qué variedad! ¡Qué difícil es elegir!°
Para más información: 1-800-443-0266

TIEMPOGRAMA

Completa el crucigrama° vertical. En la parte sombreada° está el nombre de una estación del año. ¡Diviértete!

1. ¿Hace frío o calor? ¿Qué_____hace?
2. ¡Llueve mucho! ¡Qué_____!
3. En el centro del huracán el _____está en calma.
4. El_____tiene olas gigantes.
5. ¡Cómo llueve! ¡Abre el_____!
6. Las_____de abril traen las flores de mayo.
7. Es una_____, pero no del metro.
8. El viento° tiene una velocidad increíble. Es un _____.
9. El mes número tres es_____.

	T¹				6			
E	2						8	
M		3		5				9
P			4			7		
E								
R								
A								
T								
U								
R								
A								

2. tormenta; 3. tiempo; 4. mar; 5. paraguas; 6. lluvias; 7. estación; 8. huracán; 9. marzo; **parte sombreada:** primavera

crucigrama *crossword*
sombreada *shaded*
viento *wind*

S.O.S. Las tortugas de la Isla de Culebra

Desde el 1° de abril al 20 de junio, voluntarios de los Estados Unidos y Puerto Rico patrullan° las playas de Culebra para ayudar° a las tortugas tinglar.°

● **UNA TORTUGA... ¡ENORME!** La tortuga tinglar es la más grande del mundo. Desde 1970 está en peligro de extinción. Esta tortuga pone sus huevos° en playas tropicales, como las de la isla de Culebra. Después, emigra a aguas frías. ● **¡UN TRABAJO FASCINANTE!** Los voluntarios de Culebra tienen un trabajo muy especial. Ellos vigilan° a las tortugas toda la noche. Cuando las tortugas ponen sus huevos, los voluntarios llevan los huevos a un nido° artificial. Allí nacen° las tortugas 62 ó 63 días después. Los voluntarios ponen a las tortugas sanas y salvas° en el mar. ● **¡UN EQUIPO ESENCIAL!** Los voluntarios tienen que llevar tenis, sudaderas°, camisetas, jeans, trajes de baño, linternas,° cámaras, binoculares, repelente contra mosquitos y... ganas de° ayudar a las tortugas. ¡Chévere!

ayudar *to help*
ganas de *the will or desire*
linterna *flash light*
nacen *are born*
nido *nest*
patrullan *they patrol*
pone sus huevos *lays its eggs*
sanas y salvas *safe and sound*
sudaderas *sweatshirts*
tortuga tinglar *leatherback turtle*
vigilan *they watch*

ESTADOS UNIDOS

Océano Atlántico

Isla Verde
San Juan

ISLA DE CULEBRA
Dewey

Fajardo

PUERTO RICO

ISLA DE VIEQUES

Mar Caribe

N O E S

Una tortuguita tinglar en Culebra.

te toca a ti

¿Quieres ayudar a la tortuga tinglar? Escribe al: Proyecto Tinglar de la Isla de Culebra, P.O. Box 190, Culebra, P.R. 00775

Quiero tener más información sobre el Proyecto Tinglar de la Isla de Culebra

Nombre_____

Dirección_____

_____

Edad_____ Teléfono_____

Quiero saber:_____

_____

_____

_____

Entrevistamos a Ángela García, estudiante de 17 años y la narradora de nuestro video sobre Puerto Rico.

Lo mejor de los dos mundos°

¿Conoces los Estados Unidos?
Ángela: Viví° nueve años en Atlanta, Georgia, y me gustó mucho.

¿Es importante ser bilingüe?
Ángela: Sí, porque al hablar dos idiomas comparto cosas con mis amigos y amigas de las dos culturas.

¿Hay diferencias entre Estados Unidos y Puerto Rico?
Ángela: Sí, la gente° y las costumbres.° A los latinos les gusta estar en familia. En Estados Unidos los jóvenes son más independientes de la familia.

¿Eres ciudadana° de los Estados Unidos?
Ángela: ¡Por supuesto! Puerto Rico es parte de los Estados Unidos.

¿Crees° que Puerto Rico va a ser un estado más de los Estados Unidos?
Ángela: No sé. Algunos° puertorriqueños quieren que la Isla sea° un estado más, otros que sea independiente y muchos un Estado Libre Asociado como es ahora.

Algunos *some*
ciudadana *citizen*
costumbres *customs*
¿crees. . .? *do you believe?*
gente *people*

Lo mejor de los dos mundos *the best of both worlds*
poca *not much*
quieren que la Isla sea *(they) want the island to be*
Viví *I lived*

¡Opiniones!

¡Lean, opinen y analicen!

1. ¿Es importante ser bilingüe?

1	2	3	4	5
No, porque vivo en Estados Unidos.				Sí, para conocer otras personas y culturas.

2. En tu opinión, ¿qué importancia tiene la familia?

1	2	3	4	5
Poca,° los amigos son mucho más importantes.				Es muy importante, porque siempre te ayuda mucho.

3. ¿Opinas que los jóvenes tienen que estudiar y trabajar para ser independientes de la familia?

1	2	3	4	5
No, es difícil estudiar y trabajar para ser independiente de la familia.				Sí, es mejor estudiar y trabajar para ser independiente de la familia.

Anoten las respuestas de la clase del 1 al 5, y luego, hagan una comparación.

PREGUNTAS	1	2	3	4	5
1.					
2.					
3.					

Los taínos

¿Quiénes fueron° los taínos? Fueron los indígenas que vivieron° en las Antillas hace cientos° de años. Hoy en día, la herencia° cultural taína está presente en la vida de Puerto Rico.

Una piedra con símbolos taínos en Cayey

El arte Los taínos son famosos por sus figuras de piedra.° Estas figuras o símbolos se llaman petroglifos y representan personas, animales y dioses.° En Puerto Rico ¡hay más de 180 petroglifos! ¿Dónde? En parques ceremoniales y en cavernas.

La música ¿Conoces las maracas y el güiro?° ¡Son de origen taíno! La música era muy importante en las ceremonias religiosas y en las fiestas llamadas *areytos*. Los taínos contaban° historias y leyendas° al ritmo de sus instrumentos.

El deporte El juego de pelota de los taínos, llamado batos, es similar... ¡al fútbol! Pero los equipos tenían° de 20 a 30 jugadores ¡de los dos sexos! El Parque Ceremonial de Caguana era un lugar para jugar al batos.

Un museo taíno En Jayuya está el Museo Cemí de arqueología. Este museo es ideal para conocer la cultura taína.

El huracán

¡Tú eres el artista!

Hoy en día, muchos artistas usan símbolos taínos en sus obras.° ¿Quieres estar en onda? Diseña un símbolo para tu camiseta, mochila o accesorios. ¿Qué nombre tiene tu símbolo? ¿Qué representa?

El museo de arqueología tiene la forma de un cemí o ídolo protector.

hace cientos de años *hundreds of years ago*
contaban *told*
dioses *gods*
fueron *were*
güiro *gourd (musical instrument)*
herencia *heritage*
leyendas *legends*
maíz *corn*
obras *works*
piedra *stone*
tenían *had*
vivieron *lived*
yuca *yucca, edible tuber*

¡Palabras taínas!

¿Sabes que barbacoa, canoa, hamaca, huracán, maíz,° iguana y yuca° son palabras de origen taíno?

En el ojo del

El terror de los trópicos:

Huracán es una palabra de origen taíno que significa "dios de las tormentas"° o "mal espíritu". Un huracán es una corriente de aire° caliente y húmedo° que se forma en los mares tropicales, normalmente entre los meses de junio y noviembre. Los huracanes giran en espiral debido° a la rotación de la Tierra. Cuando la velocidad° del aire es más de 39 millas por hora, es una tormenta tropical. Si la velocidad es más de 74 millas por hora, es un huracán. Los huracanes pierden fuerza° cuando viajan al norte, porque encuentran° aire más frío y seco,° y desaparecen pronto sobre tierra firme,° porque no hay aire húmedo.

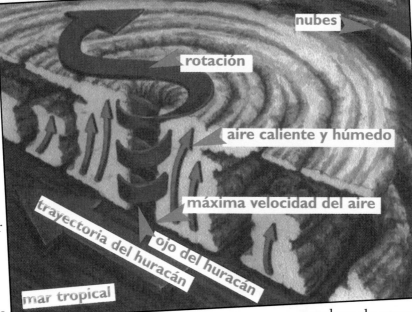

nubes
rotación
aire caliente y húmedo
máxima velocidad del aire
trayectoria del huracán
ojo del huracán
mar tropical

Vigilar° los huracanes:

Los huracanes son muy peligrosos y destructivos. Por eso es importante vigilar su trayectoria° para evacuar las zonas en peligro. Hoy se usan instrumentos como el radar para vigilar el desarrollo° de los huracanes; también se usan satélites y aviones

El ojo del huracán:

El "ojo del huracán" es el centro de la tormenta. ¿Sabes que en el centro del huracán el tiempo está en calma? El peligro está en los lados, donde el aire tiene su máxima velocidad (hasta 180 millas por hora).

El nombre de un huracán:

Los huracanes reciben° nombres de personas. Los nombres se eligen siguiendo° el orden de las letras del alfabeto y cada año se empieza de nuevo. Por eso hay muy pocos huracanes con nombres que empiezan con las últimas letras del alfabeto.

huracán

aire más frío y seco *colder and dry air*
caliente y húmedo *hot and humid*
corriente de aire *air current*
el desarrollo *the development*
encuentran *(they) find*
giran en espiral debido a
  turn in a spiral pattern due to
ha desordenado las piezas
  has messed up the pieces
pierden fuerza *lose strength*
podrás leer *(you) will be able to read*
reciben *receive*
se eligen siguiendo *are chosen following*
significa "dios de las tormentas"
  means "storm god"
sobre tierra firme *over land*
trayectoria *trajectory, path*
velocidad *speed*
vigilar *to monitor*

Reconstrucción después del huracán

El viento ha desordenado las piezas° pero, si las escribes en orden,
podrás leer° una frase en español sobre los huracanes. Escribe la
frase en español y en inglés. Ya tienes dos piezas en su lugar.

español _____ de la _____ la _____

inglés _____

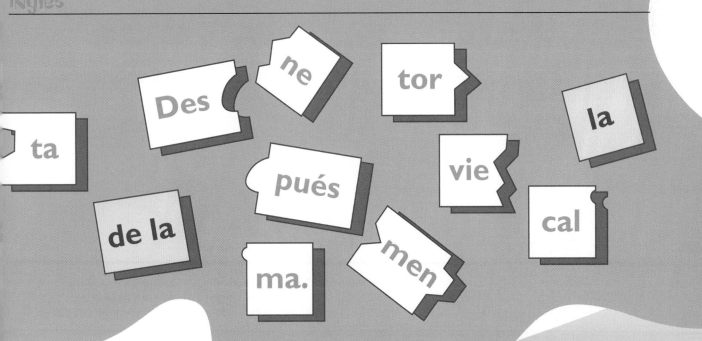

Solución: Después de la tormenta viene la calma.

sopa de letras

Y ahora,… ¿qué sabes de Puerto Rico? Las ocho palabras que completan° las oraciones están escondidas° en la sopa de letras. Todas están en la revista. ¡Suerte!°

1. ¿Cómo se llama la capital de Puerto Rico? _____.

2. Generalmente, ¿cuándo empiezan los huracanes?_____.

3. ¿Qué animal de Puerto Rico está en peligro de extinción? La_____.

4. ¿Cómo se llama el fuerte del Viejo San Juan? Se llama El _____.

5. ¿Dónde está la Escuela Técnico Deportiva del Albergue Olímpico? _____.

6. Los taínos son famosos por sus figuras de _____.

7. ¿Cuál es el lugar más chévere para hacer amigos en San Juan? La _____San José.

8. La_____era muy importante en las fiestas llamadas *areytos*.

completan *complete*
escondidas *hidden*
suerte *good luck*

T	O	A	S	B	Ñ	B	F	C	E
P	Z	M	Ú	S	I	C	A	U	E
A	L	S	O	U	K	D	J	I	O
T	E	A	L	R	E	A	U	G	S
O	M	N	Z	V	R	J	N	S	A
R	A	J	L	A	S	O	I	A	L
T	O	U	R	T	U	H	O	B	I
U	R	A	Z	D	Ñ	B	O	U	N
G	E	N	C	P	I	E	D	R	A
A	S	O	B	O	R	E	N	M	S

Soluciones: 1. San Juan 2. junio 3. tortuga 4. Morro 5. Salinas 6. piedra 7. Plaza 8. música

Photo Credits

000-001	Tony Perrottet/Omni-Photo
002 bottom	Ken Karp
002 top	Ken Karp
003 bottom	Henry Cordero
003 top	Ken Karp
006-007	Joan Iaconetti
010 bottom	Ken Karp
010 top	Lou Bopp
011	Ken Karp
012 bottom right	Suzanne Murphy/FPG
012 top left	Dick Rowan/Photo Researchers
012 top right	Bob Krist/Leo de Wys Inc.
014 -015	Roy Morsch/Bruce Coleman Inc.
016-017	Henry Cordero
018	Comstock
019	Suzanne C. Murphy/FPG
cover botttom	Harvey Lloyd/The Stock Market
cover top left	Fenton Ferrer
cover top right	Dave Bartruff/Stock Boston

¡ Bajo el sol de España !

España

0 ___ 100 Km

⊕ Capital

FRANCIA

La Coruña
Oviedo
Santander
Bilbao
San Sebastián
León
Pamplona
Logroño
ANDORRA
CASTILLA-LEÓN
LA RIOJA
NAVARRA
OCÉANO ATLÁNTICO
Valladolid
Zaragoza
CATALUÑA
ARAGÓN
Salamanca
Barcelona
Madrid
PORTUGAL
EXTREMADURA
Badajoz
Toledo
CASTILLA-LA MANCHA
COMUNIDAD VALENCIANA
Valencia
ISLAS BALEARES
Palma de Mallorca
Córdoba
Murcia
Alicante
Sevilla
ANDALUCÍA
MURCIA
Granada
Cádiz
Málaga
Gibraltar (R.U.)
Ceuta (Esp.)
Mar Mediterráneo
OCÉANO ATLÁNTICO
Santa Cruz de Tenerife
Las Palmas
ISLAS CANARIAS
Melilla (Esp.)
ÁFRICA

Datos

España, Europa
Capital: Madrid
Gobierno: Monarquía Constitucional
Población: 39.000.000 de habitantes
Moneda: peseta
Idiomas: español (castellano), catalán, vasco y gallego
Clima: templado, más frío al norte (14 °C, 57 °F) y más caluroso al sur (17 °C, 63 °F)

¡Madrid me mata!

En la capital de España puedes hacer de todo. En una época fue° muy popular la frase "¡Madrid me mata!" porque la ciudad ofrece muchas actividades y, si las haces todas, terminarás° exhausto. Aquí tienes cuatro ejemplos de lo que° puedes hacer en Madrid.

Las tapas En Madrid las tapas son muy populares. Las tapas son pequeñas porciones de comida que la gente° toma a cualquier hora° del día y de la noche. Algunas de las tapas más populares son la tortilla española,° el jamón, el chorizo° y el queso. Un buen lugar para comer tapas en Madrid es La Trucha.°

Chocolate con churros° Tomar chocolate con churros es aún° una tradición en España. Por la tarde, personas de todas las edades° toman su taza de chocolate caliente con churros. Uno de los lugares más populares es San Ginés.

a cualquier hora *any time*	**cuadro** *painting*
aún *still*	**cuentan anécdotas** *tell anecdotes*
cansado *tired*	**de lo que** *of what*
casa de campo *country house*	**de todas la edades** *of all ages*
chorizo *Spanish salami*	**Edad Media** *Middle Ages*
churros *deep fried dough the size of breadsticks*	**en una época fue** *at one time (it) was*

La Casa de Campo°

Si estás cansado° de la gran ciudad, toma el teleférico° que va a la Casa de Campo. Tiene 1.700 hectáreas° de árboles y campo, ¡y está muy cerca del centro de la ciudad! Los fines de semana puedes hacer muchas cosas en la Casa de Campo. Puedes visitar el Parque Zoológico, ir al Parque de Atracciones,° bailar, hacer deportes... ¡y mucho más! En verano también hay festivales y conciertos gratis° en el Rockódromo.

¿Adónde vamos?

Compara los lugares adonde te gustaría ir en Madrid y los lugares adonde normalmente vas en tu vecindario.

actividad	lugar en Madrid	actividad	lugar en tu vecindario
tomar chocolate con churros	San Ginés	tomar una bebida	
comer tapas	La Trucha		
comprar discos usados	el Rastro		
hacer deportes	la Casa de Campo		

El Rastro de Madrid

Todos los domingos, los madrileños tienen una cita con el Rastro de Madrid. Este mercado empezó en la Edad Media.° Aquí puedes comprar y vender de todo: discos viejos, libros, ropa, muebles antiguos, videojuegos... ¡de todo! Los más viejos cuentan anécdotas,° como la de un señor inglés que compró un cuadro° por cinco pesetas. Ese cuadro está hoy en un museo.

gente *people*
gratis *free*
hectáreas *hectares (1 hectare = 2.5 acres approx.)*
¡Madrid me mata! *"Madrid kills me!"*

parque de atracciones *amusement park*
teleférico *cable car*
terminarás *you will end up*
tortilla española *potato omelet*
trucha *trout*

¿Qué hacen los

Los hábitos de los chicos y chicas de España no son diferentes de los de los jóvenes de Estados Unidos. Estos cuatro jóvenes nos cuentan qué hacen en su vida diaria.

"Estudio segundo de Educación Secundaria. Voy a la escuela en el autobús escolar.° La parada del autobús está muy cerca de mi casa. Normalmente me pongo vaqueros° y una camiseta. No salgo por la noche, aunque° muchas tardes voy al cine. Mi materia favorita es la gimnasia. Me gusta leer tebeos° y revistas de informática. ¡Me paso muchas horas frente al ordenador!°"

Albert Ges —14 años

"Estudio primero de Bachillerato. Voy a la escuela a pie porque está muy cerca de mi casa. Mis materias favoritas son la biología, las matemáticas y el inglés. Me gustan mucho los deportes, especialmente el ciclismo.° Todos los días, después de hacer las tareas, voy a entrenarme° con mi bicicleta una o dos horas. ¡Me gustaría poder participar algún día° en el Tour de Francia!"°

José Valdés —16 años

"Estoy estudiando segundo de Bachillerato. Voy a la escuela en metro. Normalmente hago mi tarea antes de cenar. Mis materias favoritas son la biología y la filosofía. Me gusta ir a los conciertos de música pop. El otro día fui° a uno de música rock que estuvo° muy bueno. Me gusta leer, especialmente novelas".

Gloria Carreras —17 años

algún día *some day*
aunque *though*
autobús escolar *school bus*
ciclismo *cycling*
cotilleo *gossip*
estuvo *(it) was*
fui *(I) went*
gráfico de barras *bar graph*

ordenador *computer (Spain)*
ropa de marca *brand-name clothes*
si tengo que elegir *if (I) have to choose*
tebeos *comic books (Spain)*
Tour de Francia *famous bicycle race in France*
vaqueros *jeans*
voy a entrenarme *(I) go training*

jóvenes españoles?

"Estudio tercero de Educación Secundaria. Me gusta seguir la moda y ponerme ropa de marca.° Voy con frecuencia al cine. No me gusta mucho estudiar pero, si tengo que elegir° una materia, prefiero las matemáticas. No leo libros, pero me gustan las revistas como *Super-pop*, *Vale* y también las de cotilleo".°

María del Carmen Vega–15 años

Y tú, ¿qué haces?

Ahora te toca a ti. ¿Qué actividades practican tus amigos(as) y tú con más frecuencia? Dibuja un gráfico de barras° con las respuestas. ¿Cuál es la actividad más popular?

	0	1	2	3	4	5	6	7	8	9	10
Leer periódicos, revistas y libros											
Ver la televisión o videos											
Escuchar música											
Hacer deportes											
Ir al cine, al teatro o a conciertos											
Ir a discotecas											
Ir a centros de juventud											
Salir con los/las amigos(as)											
Ir de compras											

¿qué tipo de

HAZ EL TEST Y DESCUBRE TU FUTURO EN LA ESCUELA.

1. Generalmente, ¿dónde estudias?
- ☐ **a.** en casa
- ☐ **b.** en la biblioteca
- ☐ **c.** en la escuela
- ☐ **d.** ¿estudiar? ¿qué es eso°?

2. ¿Cómo estudias?
- ☐ **a.** con música
- ☐ **b.** solo(a) y en silencio
- ☐ **c.** con un(a) amigo(a)
- ☐ **d.** rápidamente, una hora antes del examen

3. Antes de un examen, ¿qué piensas?
- ☐ **a.** "no es nada"°
- ☐ **b.** "estoy listo(a) para la guerra"°
- ☐ **c.** "estoy un poco nervioso(a)"
- ☐ **d.** "nos vemos en la recuperación"°

4. ¿Dónde te sientas° en la clase?
- ☐ **a.** en la primera fila,° para escuchar bien al/a la profesor(a)
- ☐ **b.** al lado de mis amigos
- ☐ **c.** depende de la clase
- ☐ **d.** en la última° fila o al lado de la ventana

5. ¿Cuál es tu materia favorita?
- ☐ **a.** matemáticas, ciencias
- ☐ **b.** literatura, historia, idiomas
- ☐ **c.** gimnasia
- ☐ **d.** ¿Mi materia favorita?... ¡el recreo!°

estudiante eres?

Puntuación:

1. a.3 b.4 c.2 d.1
2. a.3 b.4 c.2 d.1
3. a.3 b.4 c.2 d.1
4. a.4 b.2 c.3 d.1
5. a.3 b.4 c.2 d.1

Resultado:

15-20 Estudias mucho y, como es normal para ti, tu nota es un **SOBRESALIENTE**.° ¡Felicidades!, eres un estudiante ideal.

10-15 Estudias cuando es necesario, pero también lo pasas bien. Ésta es la mejor fórmula en la escuela. ¡Felicidades! Tu nota es un **NOTABLE**. ¡Llegarás lejos!°

5-10 Eres muy sociable. Tienes muchos amigos en la escuela y te lo pasas muy bien en clase. Tu nota es un **BIEN**, pero piensa que tienes que estudiar un poco más.

0-5 Eres un "pasota".° Es tu decisión, pero algún día° tendrás que aprobar.° Tu nota es un **INSUFICIENTE**.° ¡Ánimo,° que no es tan difícil!

algún día *some day*
¡Ánimo! *Come on!*
fila *row*
insuficiente *fail*
listo(a) para la guerra *ready for war*
llegarás lejos *(you) will achieve things/get far*
no es nada *this is nothing*
"pasota" *"too cool for school"*
recreo *recess*
nos vemos en la recuperación *we'll see each other at the retake*
¿Qué es eso? *What is that?*
sobresaliente *outstanding, excellent*
tendrás que aprobar *(you) will have to pass*
te sientas *you sit down*
última *last*

ARTE

Pablo Picasso, Salvador Dalí y Joan Miró son tres pintores españoles muy famosos. Sus cuadros están en los museos más importantes del mundo y son fundamentales para estudiar° el arte del siglo XX.° Pero, ¿quiénes son?

PABLO PICASSO

Picasso es famoso por su estilo cubista, que es la representación de objetos o personas en forma geométrica. *La destrucción de Guernica* es un cuadro cubista inspirado en la Guerra Civil° española. Está pintado en blanco y negro, y es muy grande. Este cuadro está en Madrid. ¿Qué puedes ver° en *La destrucción de Guernica*?

SALVADOR DALÍ

Dalí es famoso por un estilo surrealista con mucha imaginación y fantasía. Dalí era° un hombre extravagante y de gran creatividad. Este cuadro, *La persistencia de la memoria*, está en el Museo de Arte Moderno de Nueva York. ¿Qué ves en él?

JOAN MIRÓ

Miró tiene un estilo muy peculiar, con imágenes que parecen infantiles° y colores muy vivos.° Miró también es escultor.° Aquí está con una de sus esculturas y uno de sus cuadros. ¿Qué crees° que representan?

Tú eres el artista

¿Qué artista te gusta más? Copia° su estilo y dibuja un cartel para hacer promoción del turismo de tu ciudad ¿Qué lema elegirías?° Escríbelo en la parte inferior.°

colores muy vivos *very bright colors*
copia *copy*
crees *(you) think/believe*
era *was*
escríbelo debajo *write it underneath*
escultor *sculptor*
estudiar *to study*
guerra civil *civil war*

¿qué lema elegirías?
   which slogan would you choose?
que parecen infantiles
   that look childish
¿qué puedes ver . . . ?
   what can you see . . . ?
siglo XX *20th century*

Una Tarde de Domingo en Sevilla

Tus amigos y tú van a la Plaza de España. Por el camino° van a aprender muchas cosas nuevas sobre Sevilla. ¡Suerte!

NECESITAS
- una moneda y fichas°

REGLAS DEL JUEGO
- Tirar una moneda° al aire, por turnos.°
- Si sale cara,° avanza° un espacio.
- Si sale cruz,° avanza dos espacios.
- El primero en llegar a la Plaza de España... ¡gana!°

avanza *move forward*
casi *almost*
comienzo *start*
cruz *tails*
fichas *game pieces*
fue construida *was built*
gana *(he/she) wins*
naranjos *orange trees*
por el camino *on the way*
por turnos *taking turns*
retrocede *go back*
semáforo *traffic light*
si sale cara *if it's heads*
sin jugar *without playing*
tirar una moneda *flip a coin*
tren de alta velocidad *high speed train*
tuvo *had*
único(as) *the only (one/s)*

Comienzo°

LLEGAS AL RÍO GUADALQUIVIR. ÉSTE ES EL ÚNICO° RÍO NAVEGABLE DE ESPAÑA.

¡NO SABES LA CALLE CORRECTA! RETROCEDE 3 ESPACIOS.

EL SEMÁFORO° ESTÁ EN VERDE. AVANZA 3 ESPACIOS.

LLEGAS A LA CATEDRAL. ¿SABES QUE LA CATEDRAL DE SEVILLA ES UNA DE LAS MÁS GRANDES DEL MUNDO?

TE ENCUENTRAS CON TU TÍA. ¡QUÉ ROLLO! UN TURNO SIN JUGAR.°

¡OYE, QUE NO VAMOS A LA ÓPERA! TIENES QUE PONERTE OTRA ROPA. RETROCEDE° HASTA LA SALIDA.

MUCHAS CALLES DE SEVILLA TIENEN ARANJOS.° ¡SON MUY AROMÁTICOS!

EN 1992 SEVILLA TUVO° UNA GRAN EXPOSICIÓN UNIVERSAL, LA EXPO '92.

SEVILLA ES LA CAPITAL DE LA REGIÓN DE ANDALUCÍA.

LLEGAS A LA TORRE DEL ORO, CERCA DEL RÍO. ESTA TORRE FUE CONSTRUIDA° POR LOS ÁRABES HACE 1.000 AÑOS.

SEVILLA Y MADRID SON LAS DOS ÚNICAS° CIUDADES DE ESPAÑA QUE ESTÁN UNIDAS POR UN TREN DE ALTA VELOCIDAD.° ¡VA A MÁS DE 100 MILLAS POR HORA!

¿DÓNDE ESTÁ TU DINERO? RETROCEDE 5 ESPACIOS.

Plaza de España

ESTE AUTOBÚS VA A LA PLAZA DE ESPAÑA. ¡YA ESTÁS CASI° ALLÍ! ¡FELICIDADES!

¡QUÉ MALA SUERTE! ESTÁ LLOVIENDO Y NO TIENES PARAGUAS. RETROCEDE 3 ESPACIOS.

MODAS URBANAS

¿**Q**ué música te gusta? ¿Qué te pones para salir? Aquí tienes algunos jóvenes españoles que nos hablan de las modas y de las cosas que les gustan.

Gloria Me pongo una camisa grande encima de una camiseta y pantalones rotos.° Me gusta la música alternativa. Mi ciudad favorita en Estados Unidos es Seattle y mi banda favorita es Nirvana.

Luis Me gusta la ropa informal y deportiva. Normalmente, llevo vaqueros, una camiseta y tenis. Me gustan los grupos españoles de música pop; mi grupo favorito es Mecano.

Javier Generalmente, llevo botas de rodeo y una chaqueta de cuero° con muchas cremalleras.° Tengo un pendiente° en la oreja.° Me encantan los Rolling Stones.

Marisa Mis grupos favoritos son Metallica y Guns & Roses. Me encantan las motos grandes. Llevo el pelo largo y me gusta tocar la guitarra eléctrica.

Loli Me gustan los grupos de los años 60, como los Beatles o los Who. Me pongo vestidos cortos. Me encantan las motonetas.°

Roberto Me encantan las gorras de béisbol.° Me gusta ir en monopatín° y escuchar rap del grupo Salt 'N' Pepa.

¿Cómo eres tú?

¿Qué música te gusta? ¿Qué ropa llevas normalmente? Escribe las respuestas aquí.

¿Cuál es tu nombre?

¿Qué ropa llevas?

¿Qué música escuchas?

¿A qué lugares vas con tus amigos?

chaqueta de cuero *leather jacket*
cremalleras *zippers*
gorras de béisbol *baseball caps*
monopatín *skateboard*
motonetas *small motorcycles*
oreja *ear*
pantalones rotos *torn pants*
pendiente *earring*

de todo un poco

Las "pipas"

Las pipas son las semillas de girasol.° A los jóvenes españoles les encantan. Ellos tienen una gran habilidad para abrir las semillas con los dientes. Puedes comprar pipas con sal o sin sal. ¿Quieres probarlas?° ¡Ten cuidado, son "adictivas"!

Los caballos andaluces

Andalucía es una región del sur de España. Los caballos° de esta región son famosos por su elegancia y por sus... ¡bailes! En Sevilla, Cádiz y otras ciudades andaluzas hay escuelas ecuestres° de gran prestigio. En estas escuelas, los jinetes enseñan° a los caballos pasos y piruetas° para participar en festivales y ferias.

guía de fiestas

La Fiesta del Libro y la Rosa

Se celebra en Cataluña, región al noreste de España, el 23 de abril. Las calles están llenas de puestos de flores y libros, y los enamorados° intercambian° un libro por una rosa.

La Feria de abril en Sevilla

Durante una semana, los visitantes se pasean a pie, a caballo, o en coche de caballos en la Feria de Sevilla. Todos comen, beben, cantan y bailan sevillanas, el baile típico de la ciudad.

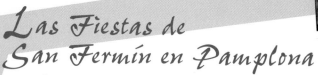

Las Fiestas de San Fermín en Pamplona

Estas fiestas se celebran en julio en Pamplona, al norte de España. Son famosas por los "encierros", en los que personas de todo el mundo corren delante de los toros° por las calles de la ciudad.

Las Fallas de Valencia

Tienen lugar en Valencia, una ciudad al este de España, en el mes de marzo. Los artistas locales instalan en las calles esculturas que representan cosas que sucedieron° durante el último año. Luego queman° esas esculturas la noche del día 19. ¡Es una forma de romper con el pasado!°

caballos *horses*
enamorados *those in love*
escuelas ecuestres *equestrian schools*
intercambian *(they) exchange*
jinetes enseñan *horse riders teach*
noticia falsa *false news*
pasado *past*
pasos y piruetas *steps and fancy jumps*

probarlas *to try them*
queman *(they) burn*
semillas de girasol *sunflower seeds*
se gastan bromas *play practical jokes on each other*
si te lo crees *if you believe it*
sucedieron *happened*
toros *bulls*

El Día de los Inocentes

El Día de los Inocentes se celebra en toda España el 28 de diciembre. Los periódicos dan alguna noticia falsa° y los amigos se gastan bromas.° Si te lo crees...° ¡Inocente! ¡Inocente!

En un día, ¡ocho horas en la cama!
¡Diez minutos para peinarte!
¡Siete horas en la escuela!
¡Hora y media para comer!
¡Y una hora para hacer la tarea!
¿Dónde está mi tiempo libre?°

¿Qué haces en tu tiempo libre?
¿Puedes descifrar las palabras
desordenadas? Las soluciones
aparecen abajo.°

ramir al sinetóveli
rialab
risal noc gasimo
tonram ne telicaibc
blahar pro felénoto

Soluciones: mirar la televisión, bailar, salir con amigos, montar en bicicleta, hablar por teléfono

Refrán°

¿Quiénes son tus amigos? Aquí tienes un refrán español que habla de ti en relación con tus amigos. Para poder leerlo, copia° las piezas del juego en su lugar en el cuadro.

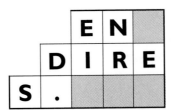

copia *copy*   refrán *traditional saying*
abajo *below*   tiempo libre *spare time*

España 15

Secretos de los estudiantes

EL LENGUAJE DE LA ESCUELA

Ahora conoces bien la escuela en España, pero... ¿estás preparado(a) para la acción? Para triunfar° necesitas conocer el lenguaje de los estudiantes. Aquí tienes algunas normas.°

▶ *Regla° 1: ¡No digas palabras largas!*
El profesor es "profe", las matemáticas, "mate", la literatura, "lite". Un "tocho" es algo muy largo y aburrido. Si tu nota es un "insu" tienes que hacer el examen otra vez.°

▶ *Regla 2: Usa el nombre correcto para chicos y chicas.*
¿Compañeros? ¿Qué es eso? En la escuela, todos somos "colegas". A un colega puedes decirle "tío" o "tía". El saludo° normal entre colegas es: "¿Qué pasa, tío?"

¡Atención!

El contenido° de esta guía es para uso exclusivo de chicos y chicas entre los 14 y los 19 años de edad.

▶ *Regla 3: Hay tres tipos de colegas: el "pelota", el "pasota" y el "empollón".*
El "pelota" es el/la estudiante que cree que todo lo que dice el profesor está bien. El "pasota" no estudia, no va a clase, no tiene apuntes y... claro, no aprueba.° El "empollón" estudia mucho, hace las tareas y siempre saca buenas notas.

▶ *Regla 4: No hagas trampa.°*
Para un "pasota", la solución puede ser una "chuleta",° pero... ¡no vale la pena!° Es difícil escribir diez lecciones en un papel pequeño y aún más difícil sacar el papel en el examen.

algunas normas *some rules*	**¡no vale la pena!** *it's not worth it!*
"chuleta" *crib notes*	**otra vez** *again*
contenido *content*	**regla** *rule*
no aprueba *(he/she) doesn't pass*	**saludo** *greeting*
no hagas trampa *don't cheat*	**triunfar** *to succeed*

Mensaje secreto

¿Puedes descifrar este mensaje secreto? ¡Claro que sí!

¡1r12 314567, c87136! ¡V62 6 ll136r 71¡82!

Clave
1=e	2=s	3=g	4=n	5=i
6=a	7=l	8=o	9=u	

Solución: ¡Eres genial, colega! ¡Vas a llegar lejos!

Dos jóvenes andaluzas

Entrevistamos a dos jóvenes andaluzas de 18 años: María Dolores Sánchez y Ana María Fortuna. María Dolores es de Sevilla, estudia inglés y francés, y quiere estudiar publicidad.° Ana María es de Huelva, toca la guitarra y baila flamenco. Quiere ser actriz.

María Dolores

P: ¿Qué materias optativas° estudias en el Bachillerato?

R: El último año estudié historia del arte y latín.

P: ¿Qué idiomas estudias?

R: Estudio inglés y francés en la escuela. Me encantan los idiomas.

P: ¿Por qué quieres estudiar publicidad?

R: Varias° amigas me hablaron de la publicidad y pienso° que es una carrera° muy bonita.

P: ¿A qué lugares van los jóvenes en Sevilla?

R: A las plazas del centro de la ciudad, como la plaza del Salvador.

además de besides
anteriores previous
carrera career
guionista scriptwriter
obligatoria mandatory
optativas elective
pienso (I) think
publicidad advertising
varias several

Ana María

P: ¿Qué estudias?

R: Estudio segundo de Bachillerato.

P: ¿Qué materias te gustan más?

R: Además de° las materias tradicionales, como música o arte, me gustan otras materias muy nuevas, como ecología y comunicaciones.

P: ¿Hablas otro idioma?

R: Sí, inglés. Es una materia obligatoria° en la escuela.

P: ¿Qué vas a estudiar después?

R: Me gustaría ser actriz. Mi tío es guionista° de cine y me habla mucho de su profesión.

P: ¿Cómo pasas tu tiempo libre?

R: Practico diversos deportes, voy al cine y al teatro, y me gusta salir con mis amigos.

Un(a) joven de Estados Unidos

Escoge 4 preguntas de las entrevistas anteriores° y haz una entrevista a un(a) compañero(a) de clase. Escribe las preguntas y las respuestas.

Nombre de tu amigo(a): _____

Pregunta 1: ¿Qué idiomas hablas? _____

Respuesta: _____

Pregunta 2: _____

Respuesta: _____

Pregunta 3: _____

Respuesta: _____

Pregunta 4: _____

Respuesta: _____

Greenpeace

A proteger° el Mediterráneo

El mar Mediterráneo está en peligro.° Los grupos ecologistas como Greenpeace están haciendo una campaña ecológica para proteger a los peces° y a las personas que van a la playa. Greenpeace-España tiene 30 personas trabajando para la organización. También hay muchos jóvenes voluntarios que ayudan° a Greenpeace en su tiempo libre. Xavier Pastor, presidente de Greenpeace-España, nos dice por qué hay que proteger el Mediterráneo.

¿Es peligroso bañarse en el Mediterráneo?

Hay playas españolas en las que está prohibido° bañarse, porque hay bacterias en el agua que causan° problemas en la piel° y otras enfermedades en las personas.

¿Qué hacer?

Eliminar los ácidos° que usa la industria del papel. Los ácidos contaminan el mar.

¿Cómo protege Greenpeace a los peces?

Greenpeace captura° a los barcos de pesca° ilegales. La Unión Europea permite° redes de pesca° de 2,5 kilómetros y algunos barcos capturados por Greenpeace tienen redes de hasta 12,5 kilómetros. Greenpeace patrulla° la costa española con un barco y un helicóptero.

ácidos acids	**en peligro** in danger	**piel** skin
ayudan (they) help	**lema** slogan	**prohibido** forbidden
barcos de pesca fishing boats	**patrulla** patrols	**proteger** protect
captura captures	**peces** fish	**redes de pesca** fishing nets
causan (they) cause	**permite** allows	

España

Diseña un símbolo para la campaña ecológica a tu gusto y ponlo en esta camiseta. Piensa también en un lema° y escríbelo debajo.

sopa de letras

En esta sopa de letras hay 8 palabras que tú conoces. Todas están en la revista. Aquí tienes algunas pistas.° ¡Buena suerte!

1. La Casa de_____ es un gran parque de Madrid.
2. Pequeñas porciones de comida que los españoles toman a cualquier hora del día.
3. Una de las expresiones más corrientes entre los jóvenes españoles es ¿Qué pasa contigo, _____?
4. Los _____ andaluces son famosos por sus bailes.
5. Durante las fiestas de San Fermín los _____ corren por las calles.
6. Los _____ que utiliza la industria del papel contaminan el mar Mediterráneo.
7. Este plato típico español se hace con patatas, cebolla y huevos.
8. La Feria de Sevilla tiene lugar este mes.

pistas *clues*

M	R	C	L	S	O	P	T	N	Q
B	D	A	A	P	T	Í	O	F	U
A	G	B	M	M	A	J	R	L	E
L	M	A	O	B	P	R	T	C	R
A	C	L	T	U	A	O	I	V	M
B	W	L	E	O	S	Ñ	L	S	I
R	U	O	K	P	R	M	L	O	N
I	P	S	C	A	N	O	A	D	B
L	N	Á	C	I	D	O	S	A	L
R	E	G	I	N	A	T	E	H	A

Soluciones: 1. Campo 2. tapas 3. tío 4. caballos 5. toros 6. ácidos 7. tortilla 8. abril

Photo Credits

00-001	Anna Elias	012 top	Lou Bopp
002 left	Robert Frerck/Woodfin Camp	013	Lou Bopp
002 right	FoodPix	014 bottom	Robert Frerck/ Odyssey/Chicago
003 left	Jeff Greenberg/Photo Researchers Inc.	014 center	Anna Elias
003 right	Robert Frerck/Odyssey/Chicago	014 top	Daniel Aubry/Odyssey/Chicago
008	Art Resource, NY	016-017	Anna Elias
009 bottom	Art Resource, NY	018	Anna Elias
009 top	Superstock	019	Anna Elias
010 bottom	Anna Elias	020-021	Leimdorfer/REA/SABA
011 bottom	Anna Elias	cover left	Anna Elias
011 top	Anna Elias	cover right	Anna Elias
012 bottom	Lou Bopp		

¡Bienvenidos a las comunidades latinas de Estados Unidos!

Datos

Ciudades de Estados Unidos* con población latina

Nueva York
Población total: 7.322.564 habitantes
Población latina: 1.783.511 habitantes (24,4%)
Clima: Muy variado según las estaciones

Miami
Población total: 358.548 habitantes
Población latina: 223.964 habitantes (62,5%)
Clima: templado

Los Ángeles
Población total: 3.487.705 habitantes
Población latina: 1.396.411 habitantes (39,9%)
Clima: templado

*The more current way to express "the United States" in Spanish is without an article–*Estados Unidos.* However, *los Estados Unidos* is also used.

¿Adónde van los Jóvenes en Nueva York, Miami y Los Ángeles?

En las grandes ciudades muy lejos para encontrar vecindarios de Nueva

Boyle Heights (Los Ángeles)

El vecindario de Boyle Heights, en el este de Los Ángeles, es 90% latino. Aquí, el inglés es la segunda lengua. Si vas a Boyle Heights, puedes comprar en El Mercado, en la calle Primera Este, donde se venden productos mexicanos y de otros países de América Latina. También puedes ir a ver los murales que hay en los alrededores° de la Plaza de la Raza. Además, todos los meses de septiembre, la comunidad latina de Boyle Heights organiza un festival con mucha música y mucho baile en el parque Hollenbeck.

Riverbank State Park (NY)

¿Sabes cuál es uno de los lugares favoritos de los jóvenes latinos en Nueva York? El Riverbank State Park, que está en el corazón de la comunidad dominicana en Manhattan. Aquí puedes nadar o jugar al baloncesto, al fútbol y al béisbol. También puedes correr en pista.° Este parque está al lado del río Hudson, tiene instalaciones cubiertas° y al aire libre, y está abierto° todo el año. ¡Es un lugar ideal para pasarla bien!°

alrededores *surroundings*
amantes de la música *music lovers*
corazón *heart*
pista *running track*
está abierto *is open*
gira *tour*
hecha de adobe *made of adobe*
instalaciones cubiertas *indoor facilities*

de Estados Unidos no tienes que viajar
sabor° latino. Aquí tienes algunos
York, Miami y Los Ángeles.

Casino Records (Miami)

Casino Records en la Pequeña Habana de Miami, es toda una institución para los amantes de la música° latina. Aquí puedes comprar lo último en salsa cubana, merengue dominicano o tango argentino. Muchos jóvenes se dan cita° en esta tienda para comprar su música favorita.

La calle Olvera (Los Ángeles)

¡Vamos a la calle Olvera! Esta calle, en el corazón° de Los Ángeles, es la más antigua de la ciudad. Hay bandas de mariachis. También hay muchos restaurantes y lugares para comprar artesanías. Aquí está la casa más antigua de Los Ángeles. Es del año 1818 y está hecha de adobe.° Se llama la casa Ávila Adobe.

Una gira° por tu ciudad

¡Tú eres el guía! Recomienda lugares en tu ciudad.

Lugares para comer:_____
_____

Lugares para divertirse:_____
_____

Lugares para visitar: _____
_____

pasarla bien *to have fun*
sabor *flavor*
se dan cita *get together*

Voces Latinas

Los ritmos del Caribe son fabulosos para bailar y divertirse. ¿Sabes cuáles son estos ritmos y de dónde vienen?

El bolero

El bolero es una música muy romántica de Cuba y México. El bolero siempre habla de amor° y se baila en parejas.° ¿Sabes quién es el cantante° de boleros más popular? El joven mexicano Luis Miguel. ¡Pon un disco de boleros en tu próxima fiesta!

amor *love*
alegre *lively*
cantante *singer*

cortar en cubitos *to dice*
cuenta *(it) tells*
disfruta *enjoy*

El rap

El ritmo favorito de muchos jóvenes es el rap. Sus letras hablan de la vida,° del amor, de la escuela... El rap es un ritmo de origen afroamericano de las grandes ciudades de Estados Unidos. Hay muchos tipos de rap: salsa-rap, reggae-rap, flamenco-rap y otros. Muchos raperos, como los Barrio Boyzz, cantan en inglés y en español, ¡es el rap bilingüe!

La salsa

¿Sabes que la salsa nació° en Nueva York en los años cuarenta? La salsa, sin embargo°, es de origen cubano y puertorriqueño. Celia Cruz es una de las cantantes de salsa más famosas. Hoy día hay una nueva generación de salseros. Entre ellos están India y Jerry Rivera. ¡Su salsa es romántica!

El merengue

El merengue viene de la República Dominicana. Su ritmo es muy rápido y alegre.° ¿Conoces a Juan Luis Guerra? Es el cantante de merengue más popular en Europa, Latinoamérica y Estados Unidos. ¡Escucha merengues y disfruta° de su ritmo tropical!

¡Disc Jockeys!

Ahora, ¡ustedes son los DJs! Tienen que hacer un programa de música para una fiesta. En grupos, escuchen algunos de los ritmos mencionados en el artículo. Decidan qué van a tocar: merengues, salsa, boleros...

La plena

La plena es el ritmo más auténtico de Puerto Rico. La plena combina los ritmos y los instrumentos de origen africano, indígena y español. ¿Qué es la plena? ¡Es el "periódico del barrio"! Cuenta° historias de todos los días al ritmo de panderos,° guitarras y tambores.°

Al son del ritmo que conoces y te gusta tanto, haz esta otra "salsa" para comer con nachos.

Ingredientes: 2 tomates frescos · una ramita de cilantro° salsa

Preparación: Corta los tomates en cubitos° y el cilantro bien fino. Mezcla° todos los ingredientes. Pon la salsa en el refrigerador durante 30 minutos. Es fresca y tiene mucho... ¡sabor latino!

Nombre del grupo	canción	ritmo
Barrio Boyzz	"Entre tú y yo"	rap

en parejas *in couples*
mezcla *mix*
nació *was born*
panderos *tambourines*

sin embargo *however*
tambores *drums*
una ramita de cilantro *a sprig of coriander*
vida *life*

Tú y los medios

¿Quieres conocer algo más sobre tu personalidad?
Haz este test y podrás° saber cómo eres.

1. **Si pudieras trabajar° en los medios de comunicación, ¿qué te gustaría hacer?**

- [ ] a. leer noticias en televisión
- [ ] b. hacer programas de música
- [ ] c. hacer películas de acción
- [ ] d. hacer programas deportivos

2. **¿Qué ocurriría° si no hubiera° televisión?**

- [ ] a. la gente tendría° más amigos
- [ ] b. la gente tendría más tiempo libre
- [ ] c. sería° un poco aburrido
- [ ] d. ¡no me gustan las historias de terror!

3. **Generalmente, ¿qué lees?**

- [ ] a. leo de todo: libros, revistas, periódicos...
- [ ] b. historietas y novelas
- [ ] c. revistas de deportes
- [ ] d. ¿leer? ¿yo?

4. **¿Para qué utilizas el control remoto?**

- [ ] a. para encender y apagar el televisor
- [ ] b. para cambiar de canal cuando hay anuncios
- [ ] c. para buscar otros canales: me gusta mucho cambiar de canal
- [ ] d. ¡para todo!, es mi aparato electrónico favorito

actitud *attitude*
ambientes tranquilos *quiet surroundings*
la gente tendría *people would have*
¡no seas egoísta! *don't be selfish!*
podrás *you will be able to*

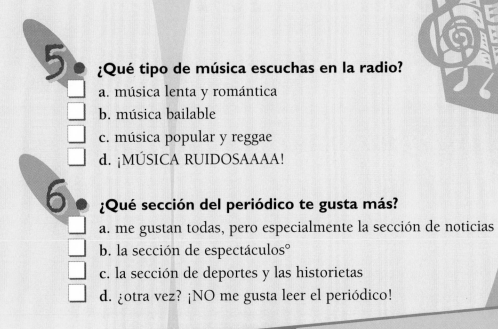

de comunicación

5. **¿Qué tipo de música escuchas en la radio?**
- [ ] a. música lenta y romántica
- [ ] b. música bailable
- [ ] c. música popular y reggae
- [ ] d. ¡MÚSICA RUIDOSAAAA!

6. **¿Qué sección del periódico te gusta más?**
- [ ] a. me gustan todas, pero especialmente la sección de noticias
- [ ] b. la sección de espectáculos°
- [ ] c. la sección de deportes y las historietas
- [ ] d. ¿otra vez? ¡NO me gusta leer el periódico!

Resultados:

Mayoría A: Eres muy responsable y un(a) buen(a) estudiante. Te gustan los ambientes tranquilos° y te preocupas por los demás.° ¡Eres el / la amigo(a) ideal!

Mayoría B: Eres muy extrovertido(a). Te gusta mucho salir y divertirte con tus amigos. ¡Eres muy popular!

Mayoría C: Eres una persona de acción. Tienes que tener cuidado porque a veces no te preocupas por los demás. ¡No seas egoísta!°

Mayoría D: Tu actitud° no es buena. ¡EH, TÚ! ¡SÍ, TÚ! Debes cambiar.

qué ocurriría *what would happen*
sección de espectáculos *the entertainment section*
sería *it would be*
si no hubiera *if there were no*
si pudieras trabajar *if (you) could work*
te preocupas por los demás *you care about others*

Echar una mano° a tu comunidad

Es genial ayudar a la gente de tu comunidad. Aquí tienes algunos clubs que hacen eso... ¡y muy bien!

Futuras estrellas

El *Community Literary Research Project* empezó el *All-Stars Talent Show* en 1985. Cada año, 30.000 jóvenes latinos y afroamericanos participan en el *All-Stars Talent Show Network*, que organiza espectáculos para "jóvenes prometedores" en Nueva York, Boston y Filadelfia. Unos jóvenes hacen diseño de escenarios,° otros hacen publicidad° y la mayoría canta, baila o actúa.° Hay profesionales que les enseñan° lo que tienen que saber. Es una idea genial, ¿verdad?

Buenos vecinos

En el centro de Los Ángeles hay una organización llamada° *Para los Niños* que ayuda a los vecinos de muchas formas diferentes. *Para los Niños* ayuda a las personas sin trabajo° a buscar empleo,° da comida a los pobres° y tiene una guardería° para bebés. *Para los Niños* tiene un campamento° de verano en el corazón de Los Ángeles, adonde van más de 500 niños. Esta organización siempre está buscando° nuevas formas de ayudar a la comunidad. ¡Todos necesitamos un vecino como éste!

actúa *act*
calidad de vida *quality of life*
campamento *camp*
diseño de escenarios *stage design*
echar una mano *to lend a hand*

empleo *job*
está buscando *is looking for*
guardería *day nursery*
jóvenes prometedores *promising young people*

Buenos negocios°

La comunidad de negocios latinos tiene un amigo importante en Texas: la Asociación de Cámaras de Comercio Mexicano-Americanas (TAMACC). Esta asociación ayuda a los negocios hispanos en Dallas y otras veinte ciudades de Texas. TAMACC ayuda a los negocios nuevos a superar° las dificultades iniciales y da información sobre cómo mejorar° las ventas y los beneficios.° Con su ayuda a los negocios latinos, TAMACC ayuda también a la comunidad latina en general. Esto mejora la calidad de vida° de las familias latinas en Texas.

Piensa en tu propia° organización para ayudar a tu comunidad. Escribe sobre ella.

Nombre de la organización:

_____

_____

Trabajo que hace:

_____

_____

Lema° de la organización:

_____

_____

lema *slogan*
les enseñan *teach them*
llamada *called*
mejorar *to improve*
negocios *business*
pobres *poor*
propia *own*
publicidad *advertising*
sin trabajo *jobless*
superar *to over come*
ventas y los beneficios *sales and profits*

Latinos en

ESTRELLAS HISPANAS EN EL ESPACIO°

El cielo° está lleno° de estrellas. Algunas de las más brillantes° son seres humanos:° Los astronautas de la NASA se entrenaron° en el Centro Espacial John F. Kennedy, en Florida, y en el Centro Espacial Lyndon B. Johnson, en Texas. Muchos de estos astronautas son latinos. Vamos a conocer a algunos.

ELLEN OCHOA

Ellen Ochoa nació en Los Ángeles. Tiene un doctorado° en ingeniería° y desde el año 1990 es astronauta. En 1993 participó en la misión del transbordador espacial° *Discovery*. En su tiempo libre,° a la doctora Ochoa le gusta jugar al voleibol y tocar la flauta.°

MICHAEL E. LÓPEZ-ALEGRÍA

El comandante López-Alegría nació en Madrid, España. Es astronauta desde 1992. Ha tenido° diferentes trabajos° en sus misiones espaciales: en una de ellas, por ejemplo, fue el ingeniero de vuelo° y el especialista de la misión. En su tiempo libre le gusta hacer deportes, viajar° y cocinar.

cielo *sky*
doctorado *a Ph.D. degree*
espacio *space*
fue el ingeniero de vuelo *(he) was the flight engineer*
ha tenido *(he) has had*

ingeniería *engineering*
llena *fill in*
lleno *full*
más brillantes *shinier*
se entrenaron *were trained*
seres humanos *human beings*

tiempo libre *free time*
tocar la flauta *to play the flute*
trabajos *jobs*
transbordador espacial *space s*
viajar *to travel*

órbita

El coronel Sidney Gutiérrez nació en Albuquerque, Nuevo México, y es astronauta desde el año 1985. En su primera misión espacial participó en importantes experimentos científicos. En su tiempo libre le gusta ir de camping y hacer deportes.

Tú eres un astronauta-arquitecto. Diseña un centro comercial en la luna. Escoge un nombre para cada tienda. Luego llena° el cartel en la ventana de cada tienda.

Aquí se vende:

Aquí se vende:

Aquí se vende:

Aquí se vende:

Aquí se vende:

LUNA CENTRO COMERCIAL

VARG

Estudiantes latinos en las grandes ciudades

Mi nombre es Carolina.

Tengo 14 años y soy de Colombia, pero vivo en Nueva York. Voy a la *Newcomer's School* de Queens. Es una escuela especial para estudiantes de otros países; es una gran introducción a Estados Unidos. A veces veo televisión, pero prefiero salir con mis amigos. Me gusta ir a fiestas y a bailar. Mi grupo musical favorito es Maná de México y mi película favorita es *Un paseo por las nubes*. En mi vecindario, las tiendas venden productos colombianos y norteamericanos y mucha gente habla inglés y español. A mí me gusta ser parte de las dos culturas.

Mi nombre es Bernardo.

Tengo 17 años. Estoy en mi último año en *Coral Gables High School* de Miami. Soy el capitán del equipo de fútbol de la escuela. Espero que podamos° participar en las finales del estado. Mi madre es de Colombia y mi padre es de Cuba. En casa comemos comidas de los dos países. Visito a mis parientes en Colombia todos los años. Me gusta hablar español e inglés porque me ayuda a comprender las dos culturas. También pienso que ser bilingüe me va a ayudar en mi carrera.°

En las escuelas de las grandes ciudades de Estados Unidos hay muchos estudiantes hispanos. Aquí tienes tres entrevistas en las que estudiantes de Nueva York, de Miami y de Los Ángeles nos cuentan° sus experiencias.

Mi nombre es Laura.

Tengo 17 años, vivo en Los Ángeles y voy a Belmont High School. Nací en Guatemala, pero mi familia se trasladó° a Los Ángeles cuando yo tenía siete años.° Yo viajo todos los años a Guatemala para visitar a mis parientes. El año pasado fui a la clase de inglés de mis primos; fue muy divertido. En casa, mi familia y yo hablamos inglés y español. Mi madre me enseñó° que es muy importante conocer los dos idiomas. Nosotros comemos muchos tipos de comida: nos gusta la pasta, la comida mexicana y la comida de Guatemala. En Navidad° me gusta comer tamales hechos° de maíz molido° mezclado° con carne.

carrera *career*
cuando yo tenía siete años
when I was seven years old
espero que podamos *(I) hope we will be able to*
hechos *made*

maíz molido *ground corn*
me enseñó *taught me*
mezclado *mixed*
Navidad *Christmas*
nos cuentan *tell us*
se trasladó *moved*

de todo un poco

Datos curiosos sobre...

LOS ÁNGELES
La ciudad de Los Ángeles fue parte de México hasta 1847. Muchos de los edificios más antiguos de la ciudad fueron construidos° en un estilo colonial español. Hoy día, los mexicano-americanos siguen contribuyendo° a la cultura de la ciudad.

MIAMI
El Antiguo Monasterio Español, en North Miami Beach, es el edificio más antiguo de Miami, pero no fue construido en los Estados Unidos. Fue construido en Segovia, España, en el siglo XII° y trasladado° a los Estados Unidos en 1914.

NUEVA YORK
La comunidad latina de Nueva York tiene representantes de América Latina y de España, pero los dos grupos más importantes son los puertorriqueños (12% de la población) y los dominicanos (4.5%). En total, casi° el 24% de la población de la ciudad de Nueva York son latinos.

guía de fiestas

¿Te gustaría ir a una fiesta? Vamos a celebraciones latinas de Estados Unidos.

Carnaval en la calle Olvera
(Los Ángeles)
Esta celebración en el mes de febrero tiene un sabor típicamente mexicano en la calle Olvera; hay trajes° de muchos colores, buena comida y música de mariachis.

Festival de la calle Ocho
(Miami)
Si vas a la Pequeña Habana en el mes de marzo, puedes participar en el Festival de la calle Ocho, que es el festival latino más grande de Estados Unidos.

Desfile° del Día de Puerto Rico
(Nueva York)
Ven° a Nueva York el primer domingo de junio y podrás° participar en el desfile del Día de Puerto Rico. Miles de personas marchan con ritmo de salsa por la 5ª (Quinta) Avenida para celebrar su herencia puertorriqueña. También hay muchos políticos° de Nueva York y de Puerto Rico que participan en este desfile.

políticos *politicians*
siglo XII *12th century*
siguen contribuyendo *(they) keep on contributing*
trajes *costumes*
trasladado *brought over*
ven *come*

casi *almost*
desfile *parade*
fueron construidos *were built*
podrás *(you) will be able*

Crucigrama° de compras

Completa las líneas verticales de este crucigrama y podrás leer en la parte sombreada° horizontal un buen consejo para ir de compras.

1. Voy a comprar unas _____ en la zapatería.
2. Tengo que ir a la tienda de _____ para comprar el último CD de Luis Miguel.
3. Mi hermano y yo le compramos un collar a mamá en la _____ .
4. Cuando algo° es muy barato, decimos que es una _____ .
5. Las medicinas se compran en la _____
6. Voy a comprar un disco de _____ para bailar .
7. Me gusta ponerme este _____ de cuero con estos pantalones.
8. Una _____ es un adorno° para la muñeca.°
9. Voy a ir a la _____ a cambiar estos zapatos; son muy pequeños.
10. Si no tienes dinero en efectivo, en muchas tiendas puedes pagar con _____
11. En las ferias hay muchos _____ que venden cosas diferentes.

¿Cuál es el consejo oculto?° _____

_____

algo *something*	**crucigrama** *crossword*
adorno *ornament*	**muñeca** *wrist*

oculto *hidden*
parte sombreada *shaded part*

SOLUCIONES: 1. botas 2. discos 3. joyería 4. ganga 5. farmacia 6. música 7. cinturón 8. pulsera 9. zapatería 10. cheque 11. puestos.

Estrellas latinas

Aquí tienes algunos de los hispanos que puedes ver en el cine y la televisión de Estados Unidos.

Daisy Fuentes

no para de hacer° cosas: trabaja como presentadora de videos en **MTV,** tiene un programa de entrevistas en **CNBC,** hace anuncios publicitarios y tiene un restaurante. Daisy nació en La Habana, Cuba, pero creció° en Newark, Nueva Jersey. Esta joven cubana tiene muchos talentos: es modelo, actriz, presentadora, entrevistadora... ¡y sólo tiene 28 años! ¿Sabes cómo termina siempre sus programas? Ella dice: "¡Chaocito, baby!"

creció (she) grew up	**niveles** levels, ratings
ha producido (he) has produced	**no para de hacer** does not stop doing
herencia heritage	**orgulloso** proud
han mejorado (they) have improved	**papel** role

Andy García

es un joven actor también de origen cubano, que ha participado en películas como *Cuando un hombre ama a una mujer.* A Andy García le gusta mucho la música y ha producido° un disco del músico cubano Cachao. Andy es un gran defensor de la cultura hispana y ahora quiere producir una película sobre Cuba.

Jimmy Smits

es uno de los actores hispanos más famosos. Fue nominado para el premio Emmy seis veces por su papel° en *L.A. Law* y los niveles° de audiencia de *NYPD Blue* han mejorado° mucho desde que él está en el programa. Recientemente trabajó en la película *Mi familia.* El padre de Jimmy Smits es de Surinam, en América del Sur, y su madre es de Puerto Rico. Él creció en Brooklyn, Nueva York, y se siente muy orgulloso° de su herencia° hispana.

Entrevista con Ingrid Peña

Nuestra amiga, Ingrid Peña Sjachbana, tiene 17 años y es de Nueva York. En esta entrevista nos cuenta por qué es importante hablar español y qué cosas le gusta hacer en su ciudad.

¿Cómo aprendiste a hablar español?
Ingrid: El español es el primer idioma que aprendí. Mi mamá es de la República Dominicana y me habla siempre en español. También lo estudié por cuatro años y lo practico lo más que puedo.°

¿Es importante ser bilingüe?
Ingrid: Sí, ahora que estamos en los años noventa y la población latina continúa creciendo,° necesitamos hablar español para poder comunicarnos.

¿Cuáles son tus hobbies?
Ingrid: Me gusta la poesía,° ir a museos y pintar.° También me gusta bailar y aprender cosas nuevas.

¿Cuáles son tus materias favoritas?
Ingrid: La historia de Estados Unidos y el periodismo.°

¿Qué te gusta más de Nueva York?
Ingrid: Me gusta conocer gente de culturas diferentes y Nueva York es un lugar ideal para hacer eso. Me gusta Nueva York porque ofrece° muchas posibilidades para hacer cosas: siempre hay una película nueva que ver o un concierto. También puedes ir a patinar a Central Park, ir de compras o comer comidas de muchos países diferentes. Es como tener el mundo entero° en una ciudad.

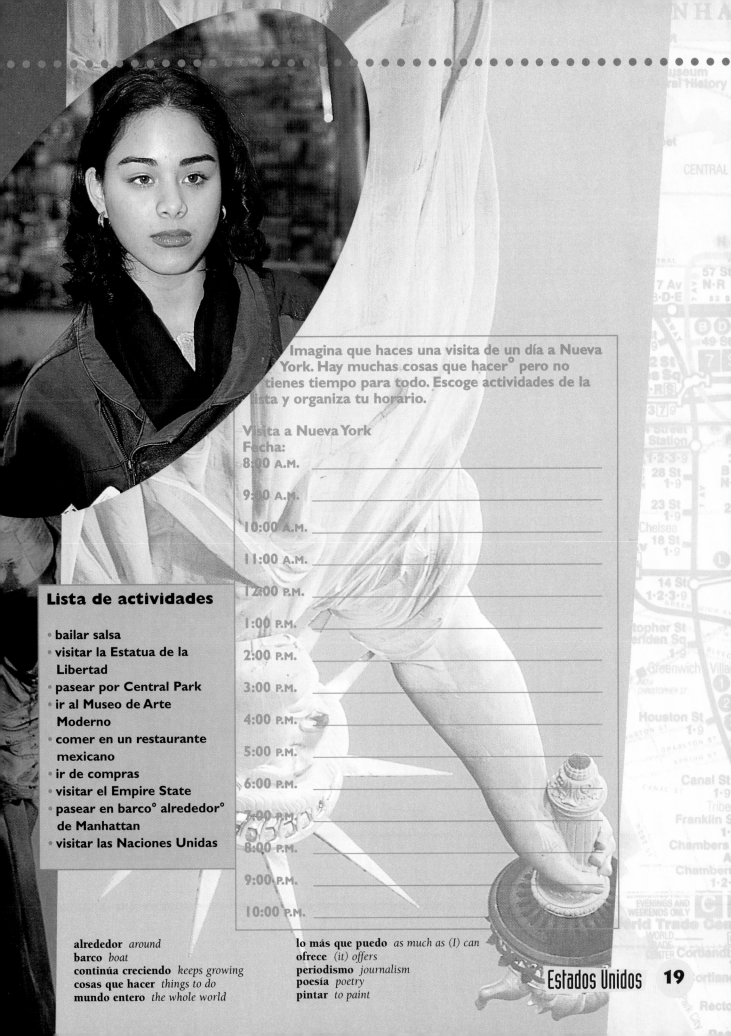

Imagina que haces una visita de un día a Nueva York. Hay muchas cosas que hacer° pero no tienes tiempo para todo. Escoge actividades de la lista y organiza tu horario.

Visita a Nueva York
Fecha:

8:00 A.M. _____

9:00 A.M. _____

10:00 A.M. _____

11:00 A.M. _____

12:00 P.M. _____

1:00 P.M. _____

2:00 P.M. _____

3:00 P.M. _____

4:00 P.M. _____

5:00 P.M. _____

6:00 P.M. _____

7:00 P.M. _____

8:00 P.M. _____

9:00 P.M. _____

10:00 P.M. _____

Lista de actividades

- bailar salsa
- visitar la Estatua de la Libertad
- pasear por Central Park
- ir al Museo de Arte Moderno
- comer en un restaurante mexicano
- ir de compras
- visitar el Empire State
- pasear en barco° alrededor° de Manhattan
- visitar las Naciones Unidas

alrededor *around*
barco *boat*
continúa creciendo *keeps growing*
cosas que hacer *things to do*
mundo entero *the whole world*

lo más que puedo *as much as (I) can*
ofrece *(it) offers*
periodismo *journalism*
poesía *poetry*
pintar *to paint*

Llena los espacios en blanco con palabras del cuadro. ¡Presta atención al tipo de palabras que necesitas en cada caso! Ahora lee el texto, ¡ya verás° qué noticia más loca! Recuerda: llena los espacios antes de leerla.

_____ GIGANTE° _____ EN _____
(nombre)   (verbo)   (lugar)

A las 2:00 P.M. de ayer un _____ gigante aterrizó° en el centro
        (nombre)

de _____. Mucha gente se paró° a mirar. Pensaron que era° un
 (lugar)

_____. Un _____ muy alto _____ y
(nombre)   (nombre)   (verbo)

miró alrededor. "Tengo hambre", dijo.° La gente empezó a correr y a

gritar° "¡Socorro!". Un hombre corrió° a _____. Él _____ un
            (lugar)   (verbo)

_____. Allí vio _____. Eso le dio° una idea. El
(nombre)   (nombre)

hombre volvió° a _____. "Aquí tienes", dijo, "esto es para ti", y
      (lugar)

puso° _____ en la calle. Todas las personas se rieron.° Una niña
  (nombre)

pequeña dijo: "¡Eso sí que es° una buena comida!

Nombre	verbo	lugar
un abuelo	bailó	la cama
un aguacate	se bañó	el cuarto de baño
un(a) profesor(a)	llegó	la estación
un(a) director (a) de escuela	comió	el fregadero
un ratón	bebió	el gimnasio
una madrina	nadó	la calle
un zapato	subió	la clase
un policía	visitó	la selva

aterrizó *landed*
corrió *ran*
dijo *(he) said*
eso sí que es... *that really is . . .*
gigante *giant*
gritar *to shout*
eso le dio *that gave him*

noticias locas *crazy news*
pensaron que era *(they) thought it was*
puso *(he) put*
se rieron *(they) laughed*
se paró *stopped*
volvió *returned*
ya verás *(you) will see*

¿Quién compró qué?

Lee las pistas° y completa el cuadro.

Nombre	¿Qué compró?	¿Cuánto costó?	¿Dónde lo compró?

1. Alicia gastó° $35 (dólares) en la joyería.
2. El disco compacto costó $10.
3. Paco no compró las aspirinas.
4. Luis gastó $3 en la farmacia.

5. Isabel fue de compras a la tienda de discos.
6. Los zapatos costaron $50.
7. Paco fue de compras al almacén, pero no compró el collar.

¿Qué es? ¡Adivina!

Se lee pero no es un periódico; tiene páginas pero no es un libro; termina en **vista** y es...

la revista

¿Sabes que...?

En español hay varias formas de decir **tienda**. Tienda también se puede decir **almacén**.

gastó *spent*
pistas *clues*

sopa de letras

Y ahora… ¿qué sabes de las comunidades latinas de Nueva York, Miami y Los Ángeles? Hay diez palabras en la sopa de letras. Todas están en la revista. ¡Suerte!

1. La _____ Olvera es la más antigua de Los Ángeles
2. Casino Records es una tienda de discos en el vecindario de la Pequeña _____ de Miami.
3. El _____ es un ritmo latino muy romántico.
4. La _____ es un ritmo de origen cubano y puertorriqueño.
5. La Asociación de Cámaras de Comercio Mexicano-Americanas ayuda a los _____ hispanos en Texas.
6. Ellen Ochoa es _____ desde el año 1990.
7. El primer domingo de junio es el _____ del Día de Puerto Rico.
8. Las medicinas se compran en la _____.
9. Andy García es un famoso actor a quien también le gusta mucho la _____.
10. Jimmy Smits fue nominado seis veces para un _____ Emmy.

```
A T E H C A L L E P
R S E G N P Q U O R
L A T D E S F I L E
U M I R G R A E N M
B Ú C T O É R L H I
O S O A C N M T S O
L I G T I Y A L O A
E C E L O H C U R E
R A N A S U I E T N
O H A B A N A H O A
```

SOLUCIONES: 1. calle 2. Habana 3. bolero 4. salsa 5. negocios 6. astronauta 7. desfile 8. farmacia 9. música 10. premio

Photo Credits

000 top	Richard Berenholtz/The Stock Market
000-001 bottom	Eddie Hironaka/The Image Bank
000-001 top	Scott B. Smith/Southern Stock
002 bottom	Lou Bopp
002 top	Cristina Salvador
003 bottom	Eric Carle/Bruce Coleman Inc.
003 top	Andrew Itkoff
004	Lou Bopp
006	Bob Daemmrich
009 bottom	Arthur Tilley/FPG
009top	Arthur Tilley/FPG
010 bottom	NASA
010 top	AP/Wide World
010-011	Picture Perfect USA
011	AP/Wide World
012 bottom	G.&M. David de Lossy/The Image Bank
012 top	Chip & Rosa Maria Peterson
013	Christine Galida
014 bottom	Andrew Itkoff
014 top	Ken Ross/Viesti Assoc.
015	Billy E. Barnes/PhotoEdit
016	Chris Carroll/Onyx
017 bottom	Dan Borris/Outline
017 top	Brian Smith/Outline
018	Richard Berenholtz/The Stock Market
019 background	Richard Berenholtz/The Stock Market
019 top	Lou Bopp
cover bottom left	Markus Boesch/Allsport
cover bottom right	David Fiske/Southern Stock Agency
cover top	Esbin-Anderson/Omni-Photo Communications

Estados Unidos

22

¡Descubre América del Sur!

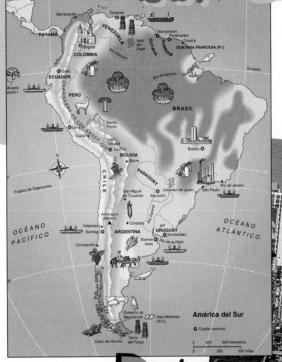

Datos

Perú, América del Sur
Gobierno: República Federal
Población: 20.000.000 de habitantes
Capital: Lima
Idiomas: español y quechua
Moneda: sol
Clima: templado;° frío en los Andes.

Datos

Chile, América del Sur
Gobierno: República Federal
Población: 12.000.000 de habitantes
Capital: Santiago
Idioma: español
Moneda: peso
Clima: seco en el norte; moderado en el centro; frío en las regiones montañosas° y en el sur.

regiones montañosas *mountainous regions*
seco *dry*
templado *temperate*

Datos

Argentina, América del Sur
Gobierno: República Federal
Población: 32.600.000 habitantes
Capital: Buenos Aires
Idioma: español
Moneda: peso
Clima: seco° en gran parte del país; tropical en el noreste del país; frío en la Patagonia, en los Andes y en Tierra del Fuego.

¿Adónde van los jóvenes de Perú, Chile y Argentina?

La calle Pío Nono en Santiago, Chile

En Santiago, los jóvenes van a la calle Pío Nono. Ésta es la calle principal del barrio bohemio° de Bellavista. Aquí los jóvenes pueden tomar café, comer o escuchar música al aire libre. También hay muchos artesanos° que trabajan con lapislázuli, un mineral de color azul oscuro° que es la piedra° nacional de Chile.

Mina Clavero en Córdoba, Argentina

Mina Clavero es uno de los lugares favoritos de los jóvenes argentinos durante el verano. Está en las sierras° de Córdoba, en el centro de Argentina. Aquí puedes tomar el sol, nadar en el río y hacer deportes. Y por la noche puedes ir con tus amigos a pasear en moto por la avenida San Martín, la calle principal, y a bailar en *Naturaleza*, la discoteca más popular.

Plaza de Armas en Cuzco, Perú

La Plaza de Armas es una de las zonas favoritas de los chicos y chicas de Cuzco. Aquí hay muchos lugares para ir de compras, restaurantes y cafés. En esta plaza, los artistas venden sus cuadros° los fines de semana, y también puedes comprar artesanías. ¡Es una zona interesantísma!

Aquí tienes tres lugares adonde van los jóvenes peruanos, chilenos y argentinos para divertirse. Si participas en un programa de intercambio en uno de estos países, también tú vas a poder visitar estos lugares. ¿Adónde te gustaría ir?

Busca la frase secreta

¡Descubre el misterio! Aquí tienes tres oraciones sobre los lugares favoritos de los jóvenes de Perú, Argentina y Chile.

EN LA CALLE PÍO NONO PUEDES COMPRAR ARTESANÍAS.
EN MINA CLAVERO LOS JÓVENES NADAN EN EL RÍO.
MIRAFLORES ES UN VECINDARIO DE LIMA.

Busca todas las palabras de estas oraciones en el cuadro y táchalas.° Lee las palabras que quedan° en orden y descubrirás° el mensaje secreto. Es un consejo importantísimo si participas en un intercambio. Escribe la frase primero en español y después en inglés.

MINA	NO	PUEDES	TE	PÍO
MIRAFLORES	OLVIDES	JÓVENES	DE	DE
ESCRIBIR	LIMA	LA	EL	
NADAN	ARTESANÍAS	TU	CLAVERO	COMPRAR
CALLE		UN	NOMBRE	LOS
EN	EN	EN	EN	RÍO
ES	TU	VECINDARIO	NONO	MALETA

La frase misteriosa es:

(español:) _____

(inglés:) _____

Solución: No te olvides de escribir tu nombre en tu maleta.

artesanos *artisans*   cuadros *paintings*   sierras *hills*
azul oscuro *dark blue*   descubrirás *(you) will find*   táchalas *cross them out*
barrio *neighborhood*   las palabras que quedan *the remaining words*
bohemio *bohemian*   piedra *stone*

EL CAMINO DEL INCA°

Historia y aventura en los Andes

Los Andes es la cordillera más impresionante y más importante de América del Sur. Está situada al oeste del continente y es larguísima: va desde Venezuela, en el norte, hasta casi° el Polo Sur. En los Andes hay montañas altísimas. ¿No tienes miedo a las alturas,° verdad?

Uno de los lugares más populares para hacer caminatas° en los Andes es el Camino del Inca. Este camino fue construido° por los incas hace más de 500 años. Empieza en el valle del río Urubamba y termina en las famosas ruinas de la ciudad de Machu Picchu.

A lo largo° del camino hay otras ruinas con nombres en quechua, el idioma de los incas, como Sayajmarca ("la ciudad dominante") y Puyapatamarca ("la ciudad de las nubes")°. El camino cruza° pasos de montaña° muy elevados, como el Intipuncu ("puerta del sol") o el Warmiwañusca ("paso de la mujer muerta").° En otros lugares, el camino desciende hasta las selvas tropicales.

El Camino del Inca es fascinante, pero también es muy difícil. Para completar los 33 kilómetros, necesitas entre tres y cinco días, pero sobre todo,...° ¡estar en buena forma!° ¿Te atreves a hacerlo?°

Mapa del Camino del Inca

Lee el texto sobre el Camino del Inca y las pistas° que te damos, y escribe todos los nombres puedas sobre el mapa en el lugar correcto.

Pistas

a. El río Urubamba está a la derecha del Camino del Inca.

b. El número 2 quiere decir "paso de la mujer muerta".

c. Las ruinas de Sayajmarca están entre el "paso de la mujer muerta" y las ruinas de Puyapatamarca.

d. El número 4 quiere decir "ciudad de las nubes".

e. El paso de "la puerta del sol" está entre las ruinas de Machu Picchu y Huiñay Huayna.

f. Las ruinas de Machu Picchu están al final del Camino del Inca.

a lo largo de *along*
caminatas *hikes*
Camino del Inca *Inca Trail*
casi *almost*
ciudad de las nubes *city in the clouds*
cruza *crosses*
estar en buena forma *to be fit*

fue construido *was built*
miedo a las alturas *fear of heights*
paso de la mujer muerta *dead woman's pass*
pasos de montaña *mountain passes*
sobre todo *above all*
pistas *clues*
¿te atreves a hacerlo? *do you dare do it?*

Camino del Inca

4 km / 2.5 millas

Camino del Inca
Paso de Intipuncu
Paso de Warmiwañusca
Río Urubamba
Ruinas de Huiñay Huayna
Ruinas de Machu Picchu
Ruinas de Puyapatamarca
Ruinas de Sayajmarca

Haz este test y sabrás° si es fácil o difícil vivir con otra familia. Es algo importantísimo si quieres participar en un intercambio.

1
¿Qué haces si no te gusta la comida?

___ **a** hago un esfuerzo° y lo como todo

___ **b** digo que no tengo hambre

___ **c** doy excusas° y no como

___ **d** ataco° el refrigerador

2
¿Cómo es tu cuarto?

___ **a** un modelo de orden

___ **b** un poco desordenado a veces

___ **c** un campo de batalla°

___ **d** prefiero no hablar de eso

¿Estás listo para vivir

3
¿Qué haces en casa en tu tiempo libre?

___ **a** leer o hablar con mi familia

___ **b** jugar con la computadora

___ **c** escuchar música a todo volumen

___ **d** ver televisión, ¡por supuesto!

4
¿Qué haces si rompes algo en la casa?

___ **a** recojo los trozos° y lo digo a la familia

___ **b** le pido perdón a la familia

___ **c** pienso en arreglarlo,° pero me olvido

___ **d** ¡yo no fui! ¡fue el gato!

5
¿Qué piensas sobre la posibilidad de compartir tu cuarto?

___ **a** es muy interesante

___ **b** no me importa°

___ **c** no me gusta, pero...

___ **d** ¡nunca!

6
¿Qué cosas llevas en tu maleta?

___ **a** mi ropa y mis artículos de aseo°

___ **b** mi ropa, mi walkman y mis cintas

___ **c** mi ropa, mi walkman, mis cintas, galletas de chocolate y mucho más

___ **d** ¿una maleta? Necesito por lo menos° dos.

artículos de aseo *toiletries*
ataco *(I) attack*
campo de batalla *battlefield*
doy excusas *(I) give an excuse*
hago un esfuerzo *(I) make an effort*
no me importa *(I) don't mind*
pienso en arreglarlo *(I) think of mending it*
por lo menos *at least*
recojo los trozos *(I) pick up the pieces*
sabrás *(you) will know*
te quedas *you stay*

con una nueva familia?

Resultados

Mayoría A: Eres el/la estudiante de intercambio ideal. ¡Bravo! Tu familia va a estar muy contenta contigo.

Mayoría B: Estás listo(a) para el intercambio; no vas a tener problemas. ¡Buena suerte!

Mayoría C: No está mal, pero tienes que pensar un poco más en las otras personas.

Mayoría D: ¿Qué podemos hacer contigo? Tienes que cambiar o te quedas° en tu casa.

¿Quién llega primero a Lima?

Necesitas
una moneda°
fichas° para jugar

Reglas del juego
✿ Tirar° una moneda al aire, por turnos.

✿ Si sale cara,° avanza° un espacio.

✿ Si sale cruz,° avanza dos espacios.

✿ El primero en llegar a la Plaza de Armas de Lima... ¡es el ganador!

4 Llegas al monte Huascarán, que es el pico más alto de los Andes peruanos. Este monte mide 6.768 metros.

3 ¡Ay! Te olvidaste° cámara. Vuelve° a comienzo.

5 Visita la Plaza San Francisco en Cuzco. En esta plaza sólo hay flores de los Andes.

6 ¿Sabes que el 45% de la población de Perú es indígena? Te quedas a comprar en un mercado indígena. Un turno sin jugar.

7 Llegas al río Amazonas, que es uno de los más largos del mundo.

8 Llegas a Pachacámac, uno de los pueblos precolombinos más importantes de la costa de Perú.

2 En Tumbes hay un club de pesca° muy importante. Allí iba° a pescar el escritor° Ernest Hemingway.

¡VA

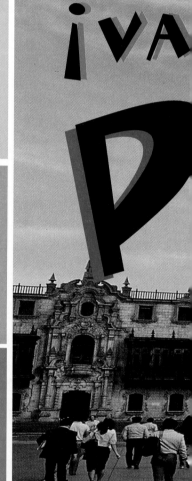

P

2

Estás en el lago Titicaca. ¿Sabes que es el lago más alto del mundo?

1

Llegas al río Apurímac y vas a pasear en bote. Avanza 3 espacios.

COMIENZO°

¡VAMOS A VISITAR PERÚ!

avanza *(you) move forward*
bloquea *blocks*
comienzo *start*
cruz *tails*
escritor *writer*
espera a *wait for*
fichas *game pieces*
ganaste *(you) won*
iba *(he) used to go*
moneda *coin*
pesca *fishing*
se te cayó *you dropped*
si sale cara *if it is heads*
te olvidaste *you forgot*
tirar *to throw*
vuelve *go back*

10

Llegas a las sierras de Perú donde hay muchos animales como la llama, la vicuña y el guanaco. Una llama bloquea° tu camino. Vuelve al número 5.

11

En el cañón del Colca se te cayó° la mochila. Búscala. Un turno sin jugar.

12

Llegaste a la Plaza de Armas de Lima. ¡Ganaste!° Ahora espera a° tus amigos para visitar una de las ciudades más turísticas de América del Sur.

de todo un poco

Las estatuas de la Isla de Pascua

La Isla de Pascua, Chile, que se encuentra en el océano Pacífico, es famosa por sus enormes estatuas de piedra. Estas estatuas, llamadas *moai*, fueron esculpidas° por los antiguos habitantes de la isla hace cientos de años. No se sabe para qué hicieron estas estatuas, pero se cree que servían° para honrar a los antepasados.° Nadie sabe qué les sucedió° a sus habitantes, porque a finales del siglo XIX° estaba casi desierta.° Hoy tiene unos 2.000 habitantes que viven principalmente del turismo. Miles de personas visitan todos los años esta isla remota para ver sus misteriosas estatuas.

Los gauchos

Los gauchos son los hombres que viven en las regiones rurales de Argentina y Chile. Son el equivalente de los *vaqueros*° del oeste americano: trabajan en los ranchos y son expertos en montar a caballo.° Los gauchos son famosos por su valentía° y por su sentido del honor.° En Argentina, por ejemplo, se usa la frase "hacéme una gauchada" en lugar de "hazme un favor".

Las peñas

En Perú puedes ir a las peñas donde hay músicos que tocan la guitarra y cantan canciones populares peruanas. En las peñas, la gente participa mucho: cantan con los músicos y también bailan. Aquí también puedes comer platos típicos de Perú, como el ceviche. ¡Es buenísimo!

guía de fiestas

En América del Sur puedes divertirte muchísimo. Aquí tienes algunas posibilidades.

Festival Internacional de la Canción (Viña del Mar, Chile)

Concurso en el que participan cantantes° de diferentes países latinoamericanos. Es en el mes de febrero.

Carnaval de Perú

Se celebra en todo el país durante la última semana de febrero y la primera semana de marzo. Los participantes bailan danzas típicas por las calles y llevan máscaras.

Semana de Mayo (Argentina)

En las escuelas y en las plazas de toda Argentina, se celebra la Revolución de Mayo de 1810 con festivales folklóricos.

Día de la Independencia (Argentina)

El día 9 de julio, Argentina celebra en todo el país su independencia de España. Hay festivales de música folklórica en las escuelas o en pequeños teatros.

Día de la Independencia (Perú)

El día 28 de julio, Perú celebra en todo el país su independencia de España. Hay festivales de música y danzas típicas peruanas en los parques y en las escuelas.

---

cantantes *singers*
estaba casi desierta *(it) was almost deserted*
fueron esculpidas *(they) were sculpted*
honrar a los antepasados *to honor (their) ancestors*
montar a caballo *horseback riding*
peñas *music clubs*

qué sucedió *what happened*
se cree que servían *it is believed they served*
sentido del honor *sense of honor*
siglo XIX *19th century*
valentía *bravery*
vaqueros *cowboys*

JUEGO MANÍA

UN REFRÁN ESCONDIDO°

Los intercambios son normalmente muy cortos y tienes que saber usar bien el tiempo disponible.° Hay un refrán español que dice que el tiempo es muy importante. Para poder leer este refrán, empieza° por la E y lee cada segunda letra. Da dos vueltas° al círculo. Hay cuatro palabras. ¿Cuál es el refrán similar en inglés?

M O P E O L
R E
M L
R E
E O I S T

REFRÁN EN ESPAÑOL _____

REFRÁN EN INGLÉS _____

¿QUÉ LUGARES VISITASTE?

Mira las cosas que llevaste contigo en cada caso y escoge un lugar de la lista.

la cordillera
el museo
la discoteca
el desierto
el banco
la selva
la playa
las ruinas

una botella de agua
las gafas de sol
¿Adónde fuiste? _____

el traje de baño
la toalla
¿Adónde fuiste? _____

las botas de montaña
la mochila
¿Adónde fuiste? _____

los cheques de viajero
el dinero en pesos
¿Adónde fuiste? _____

da dos vueltas *go twice around*
disponible *available*
empieza *start*
refrán escondido *hidden saying*

SOLUCIÓN: EL TIEMPO ES ORO.

Vamos de viaje

¿Hacemos la maleta?

¿Estás listo para el viaje de intercambio?
Aquí tienes 10 dibujos de cosas que puedes
llevar. Escoge las 5 más
importantes y escribe
sus nombres dentro
de la maleta.

crucigrama NOS PREPARAMOS para ir al extranjero°

Ya tienes todo lo que necesitas para el programa de intercambio. Ahora puedes descansar,° pero antes completa el crucigrama horizontal:

En la parte sombreada° está el nombre del documento más importante para salir de viaje.

1. Para ir de viaje de intercambio al extranjero, necesitas la autorización de tus _____.

2. Antes de viajar, compras el pasaje en una _____.

3. Para ir al extranjero, necesitas la _____ del país que vas a visitar.

4. Es importante llevar los documentos en el _____.

5. Para ir a América del Sur, necesitas un diccionario de _____.

6. Para ir desde Estados Unidos a Argentina, viajamos en _____.

7. Durante el viaje puedes escribir un _____ de tus experiencias.

8. Para ir de viaje de intercambio al extranjero, necesitas _____ de recomendación.

9. Para hacer el viaje de intercambio, necesitas un _____ médico.

descansar *to rest*
ir al extranjero *to go abroad*
sombreada *shaded*

Soluciones: 1. padres 2. agencia de viajes 3. visa 4. bolso de mano 5. español 6. avión 7. diario 8. cartas 9. certificado

Intercambios escolares: dos experiencias positivas

¿Te gustaría participar en un programa de intercambio? Estos dos jóvenes norteamericanos nos cuentan° sus experiencias en Argentina.

Kimberley

Yo soy **Kimberley Bashaw**, tengo 19 años y vivo en Downers Grove, Illinois. Yo fui° a Argentina por un año, con un programa de intercambio. Viví con una familia buenísima en la ciudad de San Juan. Los hijos eran° muy simpáticos y me ayudaron mucho a aprender español. Viajé con la familia a diferentes ciudades, como Mendoza, Salta, Santiago del Estero y Buenos Aires. También fui a Mina Clavero y Córdoba con unos amigos. En Argentina, yo iba° a la escuela todos los días. También trabajaba° algunas horas cada día como profesora de inglés en diferentes escuelas. Aquí, en Estados Unidos, yo estudio antropología y comercio° internacional. Como hablo bien español y portugués, muy pronto voy a trabajar en Disney World, en Florida. Estoy muy contenta con este proyecto.

Yo soy **Christopher Alexander**, tengo 17 años y vivo en Portville, en el estado de Nueva York. Fui a Argentina con un programa de intercambio. Viví 11 meses en la ciudad de Viedma, Río Negro, en el sur de Argentina, a 30 kilómetros del océano Atlántico. Fue una experiencia inolvidable.° Viví con una familia muy buena que me ayudó mucho a aprender español. Yo iba a la escuela a aprender español algunos días por semana. En Viedma, yo iba a las discotecas a bailar, a fiestas de cumpleaños, a comer asados y a escuchar música en casa de mis amigos. Tengo muchísimos amigos allí. Me encanta la comida argentina. Visité muchos lugares en Argentina: fui a Buenos Aires, Córdoba, Santa Fe, Bahía Blanca y Corrientes. Todas estas ciudades son hermosas. También visité los lagos del sur del país. Mi viaje a Argentina fue muy importante, es una de las cosas más bonitas de mi vida.°

Ciudades argentinas

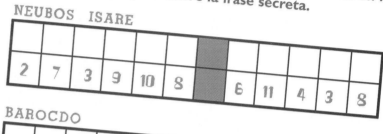

Aquí tienes los nombres de cinco ciudades argentinas que visitaron nuestros amigos. Ordena las letras y escríbelas en los cuadros. Luego sustituye los números por letras en los cuadros de abajo y descubre la frase secreta.

NEUBOS ISARE

2	7	3	9	10	8			6	11	4	3	8

BAROCDO

5	10	4		10	2	6

TASNA EF

8	6	9	12	6			3

AHIBA LANBAC

2	6		11	6		2	1	6	9	5	6

EZODMAN

13	3	9		10		6

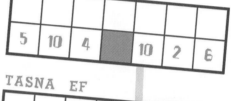

| 3 | 1 | | | 11 | 9 | 12 | 3 | 4 | 5 | 6 | 13 | 2 | 11 | 10 | |

| 3 | 8 | | | 2 | 7 | 3 | 9 | 10 | | | P | | 6 | 4 | 6 | | 5 | 10 | 9 | 10 | 5 | 3 | 4 |

| 10 | 12 | 4 | 6 | | | 5 | 7 | 1 | 12 | 7 | 4 | 6 |

SOLUCIÓN: EL INTERCAMBIO ES BUENO PARA CONOCER OTRA CULTURA.

los hijos eran *the children were*
fui *went*
iba *used to go*
inolvidable *unforgettable*
comercio *business*
nos cuentan *tell us*
trabajaba *(I) used to work*
vida *life*

América del Sur

15

Gabriela Sabatini, Isabel Allende y Mario Vargas Llosa

Gabriela Sabatini, Isabel Allende y Mario Vargas Llosa son tres de las personas más famosas en Argentina, Chile y Perú respectivamente. Los tres son muy conocidos° también en el extranjero. Aquí tienes información sobre ellos y sus talentos excepcionales.

Gabriela Sabatini es una de las tenistas° más famosas del mundo. Nació en Buenos Aires, Argentina, en 1970 y empezó a jugar al tenis cuando era muy pequeña. A los 14 años de edad, Gabriela fue la tenista más joven que ganó un partido en el Open de Estados Unidos y, a los 15 años, fue primera finalista en el Open de Francia. Actualmente° Gabriela Sabatini vive en los Estados Unidos, en la ciudad de Miami.

Isabel Allende es una de las escritoras° latinoamericanas más conocidas del mundo. Isabel nació en Perú pero, cuando era muy pequeña, su familia fue a vivir a Chile. Isabel Allende escribió su primera novela, *La casa de los espíritus*, en 1981. Esta novela tuvo muchísimo éxito° y de ella hicieron° una película con el mismo° nombre en la que actúan° estrellas famosas, como Meryl Streep, Wynona Ryder y Antonio Banderas. Actualmente Isabel Allende vive en California.

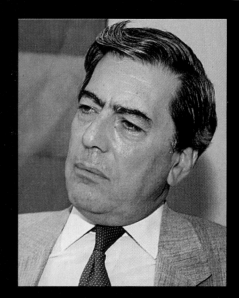

Mario Vargas Llosa es uno de los escritores de habla hispana más famosos del mundo. Nació en Arequipa, Perú, en 1936. Estudió literatura y trabajó en varios periódicos y revistas. En 1963 escribió su primera novela, *La ciudad y los perros*, en la que habla de las experiencias de unos jóvenes en una escuela peruana.

¿Cuál es el título?

Contesta estas preguntas sobre las personas de "en foco".
Luego, lee las letras de los cuadros en orden y descubrirás el título de otra novela de Isabel Allende.

¿Cuál es el nombre de la autora de *La casa de los espíritus*?

____ ____ ____ ☐ ____

¿Cuáles son los apellidos del escritor peruano?

☐ ____ ____ ☐ ____ ____ ☐ ____ ____ ____

¿En qué ciudad nació Gabriela Sabatini?

____ ☐ ____ ____ ____ ____

¿Cuál es la profesión de Gabriela Sabatini?

____ ____ ☐ ____ ____ ☐ ____

Título de otra novela de Isabel Allende :

____ ____ ____ ____ ____ ____

actualmente *currently*
actúan *(they) act, perform*
conocidos(as) *known*
escritoras *writers*

éxito *success*
hicieron *(they) made*
mismo *same*
tenistas *tennis players*

América del Sur

Nazca: tierra de misterio

En 1939, el científico° norteamericano Paul Kosok, volando° en su pequeño avión sobre el desierto de la costa sur de Perú, vio, por primera vez, las misteriosas líneas de Nazca. Estas líneas son dibujos de animales, pájaros y figuras geométricas que se encuentran entre Nazca y Pampa. Kosok vio desde el cielo° un mono,° una araña,° unos pájaros y otros dibujos sobre la tierra. ¡Fue un descubrimiento muy emocionante para él!

Estos dibujos tienen 2.000 años y sólo pueden verse° desde el cielo. Hoy día, las líneas de Nazca son un misterio y hay muchas teorías° sobre su origen. Algunas personas piensan° que estos dibujos fueron hechos° por los antiguos habitantes para sus dioses.° Otras personas piensan que fueron hechas por extraterrestres.° Hoy, muchos turistas visitan el desierto de Nazca para ver estos dibujos. Y no sólo turistas,... también los científicos visitan Perú para estudiar las líneas y tratar de descifrar° este misterio.

araña *spider*	**fueron hechos** *were made*
cielo *sky*	**mono** *monkey*
científico *scientist*	**piensan** *think*
dioses *gods*	**pueden verse** *can be seen*
estar de acuerdo *to be in agreement*	**teorías** *theories*
extraterrestres *extraterrestrials*	**tratar de descifrar** *to try to decipher*
	volando *flying*

Y tú... ¿qué piensas?

¿Cuál es tu teoría sobre las líneas de Nazca? Piensa en algunas explicaciones posibles y escribe tus ideas en el gráfico. Luego, entrevista a algunos compañeros de tu clase y pregúntales con qué teorías están más de acuerdo°. Indica los resultados en el gráfico.

Teorías	Personas que están de acuerdo					
	0	2	4	6	8	10
extraterrestres						

América del Sur 19

Los jóvenes de

Entrevistas con Claudia Cárdenas y Sandro Bellido ¿Qué hacen los jóvenes en Lima? ¿Adónde van a divertirse? ¿Quiénes son sus cantantes favoritos? Nuestros amigos Claudia Cárdenas Alba y Sandro Bellido García nos lo cuentan.°

¿Qué haces en Lima?

Claudia: Yo voy a la escuela todas las mañanas, donde aprendo producción de programas de televisión. Algunos días también trabajo.° Soy profesora de danza y a veces actúo° en el teatro.

¿Qué te gusta hacer los fines de semana?

Claudia: A mí me gusta mucho ir a Barranco y Miraflores, que son dos vecindarios muy lindos de Lima. Allí hay música al aire libre, grupos de danza folklórica, grupos de teatro, y muchos clubs con mesas para tomar refrescos y ver videos de rock and roll. A veces voy a Cañete y a Lurín, que son dos pueblos pequeños que se encuentran cerca de Lima. Allí vamos a tomar el sol y a comer al aire libre.

¿Que música te gusta?

Claudia: Me gusta la música peruana, como la criolla y las marineras.° Yo escucho mucho a Eva Ayllón, que es una cantante peruana. También me gusta la salsa, sobre todo las canciones de Oscar De León y Jerry Rivera.

actúo (I) act
contabilidad accounting
iré (I) will go
marineras a type of dance in Peru

nos lo cuentan (they) tell it to us
trabajo (I) work

Lima

¿Qué haces los días de semana en Lima?

Sandro: Voy a la escuela todos los días. Estudio informática. También trabajo en el teatro porque soy actor. Muy pronto iré° a la universidad a estudiar contabilidad.°

¿Te gusta salir los fines de semana?

Sandro: Sí, me gusta ir a las discotecas con mi novia, Fabiola. Las discotecas más famosas en Lima son Bauhaus y Bizarro. A veces vamos a pasear al parque y a tomar helados. También me gusta ir al cine y ver películas de Perú, Cuba y Estados Unidos.

¿Te gusta la música?

Sandro: Sí, me gusta mucho ir a los conciertos de rock peruano. También voy a los conciertos de música cubana, como a los del cantante Pablo Milanés.

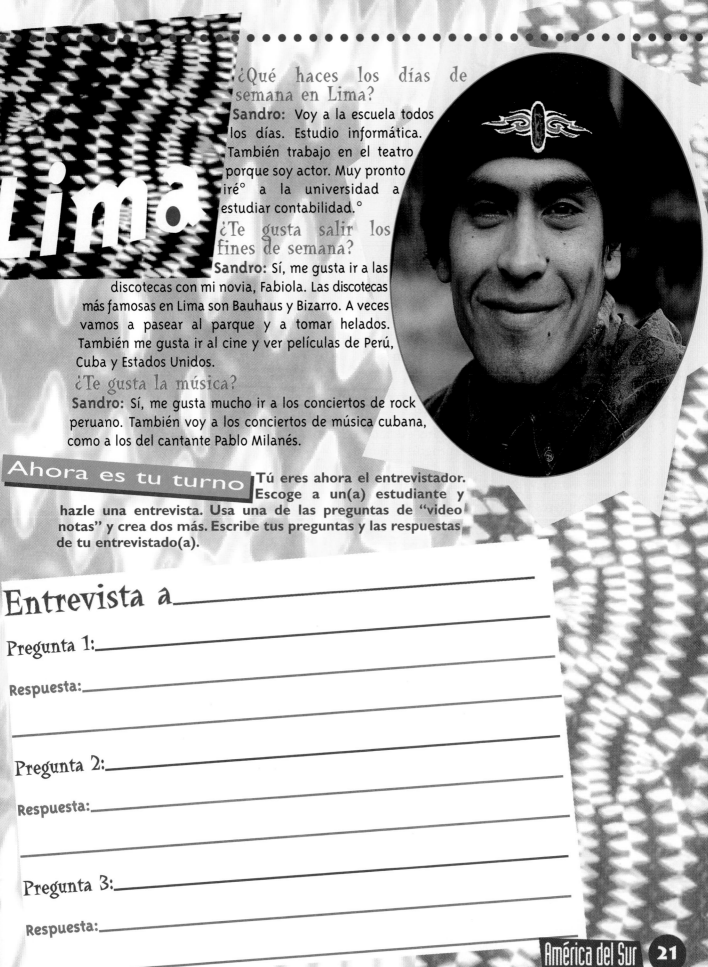

Ahora es tu turno

Tú eres ahora el entrevistador. Escoge a un(a) estudiante y hazle una entrevista. Usa una de las preguntas de "video notas" y crea dos más. Escribe tus preguntas y las respuestas de tu entrevistado(a).

Entrevista a _____

Pregunta 1: _____

Respuesta: _____

_____

Pregunta 2: _____

Respuesta: _____

_____

Pregunta 3: _____

Respuesta: _____

sopa de letras

Ya casi° llegamos al final de nuestra revista. Antes de decir adiós, busca las diez palabras de esta sopa de letras. ¡Suerte!

1. Pío Nono es la calle principal del _____ bohemio llamado Bellavista.
2. El Huascarán es la _____ más alta de Perú.
3. El _____ Titicaca es el más alto del mundo.
4. En la Isla de Pascua hay unas enormes _____ de piedra.
5. Los _____ argentinos son el equivalente de los vaqueros norteamericanos.
6. Kimberley Bashaw y Christopher Alexander fueron a Argentina con un programa de _____.
7. El _____ del Inca es uno de los lugares más populares para hacer caminatas en los Andes.
8. En las _____ de Perú la gente participa mucho: cantan, bailan y comen platos típicos.
9. Gabriela Sabatini _____ en Buenos Aires, Argentina, en 1970.
10. Hasta nuestros días, las líneas de Nazca son un _____ y hay muchas teorías sobre su origen.

casi *almost*

V	P	U	D	L	J	Q	E	B	A	H	I
X	E	S	T	A	T	U	A	S	U	X	N
T	Ñ	C	Q	F	A	R	D	M	T	D	T
G	A	A	I	J	D	S	F	V	Z	A	E
A	S	M	O	N	T	A	Ñ	A	F	B	R
U	O	I	S	H	D	Q	R	Z	E	G	C
C	F	N	C	N	N	A	C	I	Ó	Z	A
H	L	O	A	D	A	R	R	V	J	I	M
O	B	R	M	K	F	C	T	I	L	X	B
S	I	M	I	S	T	E	R	I	O	T	I
K	D	Q	N	U	P	G	I	P	R	E	O
L	A	G	O	Y	E	L	V	U	O	S	N

Soluciones:
1. vecindario 2. montaña 3. lago 4. estatuas 5. gauchos 6. intercambio 7. Camino 8. peñas 9. nació 10. misterio

Photo Credits

000 left	W. Hille/Leo de Wys, Inc.
000 right	W. Hille/Leo de Wys, Inc.
001	Gary Payne/Gamma Liaison
002 bottom	Beryl Goldberg
002 center	Luis Mica/Agencia Comesana
002 top	Chip and Rosa Maria Peterson
004-005	Superstock
008-009	J. Aigner/Leo de Wys Inc.
010 bottom	R. Phillips/The Image Bank
010 top	Comstock
016 bottom	Marty Lederhandler/AP/Wide World
016 top	Focus on Sports
017	R. Arturo/Globe Photos
018-019	Robert Frerck/Frerck/Odyssey/Chicago
020	Vera Lentz
021	Vera Lentz
cover bottom	Stuart Cohen/Comstock
cover center	Luis Villota/The Stock Market
cover top	Vera Lentz